Jen Hatmaker

Einfach mehr Freiraum

Über die Autorin

Jen Hatmaker ist in den USA eine bekannte Rednerin, Bloggerin und Autorin von zahlreichen Büchern. Weil ihr die Frauen dieser Welt sehr am Herzen liegen, spricht sie auf vielen Konferenzen und Freizeiten, um sie zu ermutigen.

Jen Hatmaker

FREI

Einfach mehr

RAUM

Wie du Ordnung in
7 Bereiche deines Lebens
bringst & bewusster lebst

Aus dem Englischen von Renate Hübsch

GerthMedien

Jesus wusste, wovon er sprach,
als er sagte,
dass wir nicht zu viele Schätze
auf dieser Erde ansammeln,
sondern gut leben und verlässlich lieben sollten,
denn letzten Endes zählt das mehr
als alles andere.

Inhalt

Jedes Jahr brauche ich ein bisschen weniger:

Weniger Trubel, weniger Geschäftigkeit, weniger „Erfolg", weniger „immer größer – immer mehr", weniger Habseligkeiten.

Aber gleichzeitig brauche ich auch ein bisschen mehr:

Mehr Familie, mehr Zeit mit meinen Freundinnen, mehr gemeinsame Mahlzeiten zu Hause, mehr Lachen, mehr von unserer kleinen Gemeinde, mehr Dankbarkeit.

Je länger ich lebe, umso deutlicher kristallisiert es sich heraus: worauf es ankommt, was zählt, was ich liebe, wo ich sein möchte und worüber ich in vierzig Jahren froh sein werde, darin Zeit und Energie investiert zu haben.

Ich schicke dir ein bisschen Liebe und wünsche dir, dass du zutiefst zufrieden bist mit dem, was du hast und wer du bist. Dass du dich der Botschaft des Mehr verweigerst. Beschließt, dass es genügt, mit deinen Lieben zusammen im Garten zu sitzen. Lass nicht zu, dass irgendjemand dir die Zufriedenheit oder das Glück des Einfachen ausredet. Ich möchte wetten: Dein Leben, so wie es ist, ist fantastisch, wenn man genau hinschaut.

Einführung

Das einfache und bewusste Leben – eine neue Perspektive

Kennst du das: Du lebst dein Leben, so gut du kannst, du kümmerst dich um deine eigenen Angelegenheiten, und dann stellt dir das Leben ein Bein und zwingt dich, alles aus einer neuen Perspektive zu betrachten?

Jahrelang habe ich nicht bemerkt, in welchem Überfluss meine Familie lebte oder wie glücklich wir uns schätzen konnten, weil so viele andere mehr besaßen als wir.[1] Wir lebten in einer wohlhabenden Gegend, und das kann dich dazu verleiten zu glauben, du selbst seist gerade mal Durchschnitt.

Klar: Wir leben auf gut 200 Quadratmetern, aber wir sind noch nie in Italien gewesen, meine Kinder gehen auf eine ganz gewöhnliche Schule und wir haben auch keine Ferienwohnung am Meer mit prall gefüllten Lebensmittelregalen.

Man gewinnt leicht den Eindruck, man sei irgendwie benachteiligt oder weniger wert als andere, wenn man sich ständig am Leben der anderen misst – besonders an dem, was sie haben und du selbst nicht. Aber dieser Eindruck verfliegt unglaublich schnell, wenn du Menschen begegnest, die „unter dir" stehen; Menschen, für die *du* die Reiche bist und die sich wünschen, sie hätten nur halb so viel wie du.

Ich hatte keinen Schimmer, dass ich zu den wohlhabendsten Menschen dieser Welt gehöre. (Und du vermutlich auch: Verdienst du 30 000 Euro im Jahr? Dann gehörst du zu den obersten 4 Prozent. 40 000 Euro? Oberes 1 Prozent.) Unsere Überflussgesellschaft und die Überheblichkeit des Westens gegenüber dem Rest der Welt haben unseren Blick für diese Tatsache getrübt. Wir sind die reichsten Menschen der Welt und beten doch um mehr materiellen Wohlstand. Gleichzeitig belasten wir uns mit Krediten, mit denen wir das System stützen, die wir aber unmöglich bedienen können, weil wir einerseits glauben, das sei unser Recht, und andererseits fürchten, im Wohlstandsrennen hinter anderen zurückzubleiben – ein Rennen, das im Übrigen keinerlei Bedeutung hat.

Unser Wunsch, dazuzugehören und im alles beherrschenden Konsumspiel mithalten zu können, hat nicht nur unsere Haushaltskasse ruiniert und unser Selbstvertrauen zerstört. Ständig vergleichen wir uns, unsere Besitztümer und unser vermeintliches Glück mit dem anderer aus dem Spektrum der oberen 1 Prozent der Weltbevölkerung. Wir strapazieren die natürlichen Ressourcen bis zum Gehtnichtmehr und viele merken es nicht einmal.

Es mag uns nicht bewusst sein, aber es ist eine Tatsache: Die Konsumgewohnheiten der Menschen in den obersten Wohlstandsschichten dieser Welt prägen die Lebensqualität des Rests der Menschheit – weil wir verschwenderisch leben. Du glaubst nicht, dass das irgendwelche deutlichen Auswirkungen hat? Eine Studie der Umweltschutzgruppe *Ocean Conservancy* hat ergeben: „Jedes Jahr werden acht Millionen Tonnen Plastikmüll in die Weltmeere gekippt ... Das entspricht der Menge, die zusammenkommt, wenn ein Jahr lang in jeder Minute jeden Tages ein New Yorker Müllwagen voller Abfall ins Meer gekippt würde."[2] Und diese Menge können wir schon allein dadurch verringern, dass wir auf Plastikstrohhalme verzichten und Mehrwegflaschen verwenden![3]

Okay, lasst uns von jetzt an konsequent unsere eigene Wasserflasche dabeihaben und tatsächlich mit unseren kostbaren Lippen das Glas berühren, aus dem wir trinken (oder einen Trinkhalm aus Metall oder Bambus verwenden, wenn es denn unbedingt sein muss).

Wahnsinn! Wir haben die Welt gerettet!

Na ja, mal halblang. Wir können echt noch *viel* mehr tun. Zum Beispiel können wir nicht nur darüber nachdenken, welche materiellen Güter wir nutzen wollen, sondern auch, was damit passiert, wenn wir sie irgendwann aussortieren. 2012 hat die Weltbevölkerung 2,6 Billionen Tonnen Müll produziert – das entspricht einem Gewicht von 7000 Empire State Buildings (oder, um einen anderen Vergleich zu bemühen, einem Volumen von 822 000 olympischen Schwimmbecken[4]). Und fast die Hälfte davon war organischer Abfall – damit sind unsere Lebensmittel, Tierfutter und Gartenabfälle gemeint.[5]

Klingt nach ziemlich viel, oder? Aber angesichts so hoher Zahlen und solcher visuellen Vergleiche fällt es schwer zu glauben, dass man selbst irgendetwas damit zu tun hätte. Was könnte hier helfen? Jeder Einwohner der Bundesrepublik Deutschland verursachte im Jahr 2017 37 Kilo Plastikmüll.[6] Klingt immer noch nicht nach viel? Gesamtdeutsch sind das fast drei Millionen Tonnen vermeidbarer Müll.

Wir brauchen eine neue Perspektive. Wir brauchen ein neues Bewusstsein dafür, dass *jeder* persönliche Verantwortung dafür trägt, bessere Entscheidungen zu treffen, was unsere Umwelt anbelangt. Und niemand kann übersehen, wie dringlich es ist, *jetzt* alles zu tun, was wir tun können, damit es auch für alle, die nach uns kommen, noch eine bessere Zukunft geben kann.

Welche Botschaft vermitteln wir unseren Familien, Gemeinden und der Welt, wenn wir so viel konsumieren und wegwerfen? Die Hälfte der Weltbevölkerung lebt von weniger als zwei Dollar am Tag. Und wir glauben, unser Leben wäre erst dann erfüllt, wenn wir jedes Jahr das 25 000-Fache davon verdienen? Oder das 50 000-Fache?

Irgendwann erkannte ich, wie reich wir wirklich sind – und auch wie selbstsüchtig und unbelehrbar in vieler Hinsicht. Und von da an sah ich mein Leben, meinen Besitz, meine Familie und meine Privilegien mit anderen Augen. Es brauchte nicht mehr als eine Sekunde, um zu begreifen: Wir hatten alles. Alles. Das meine ich ganz genau so, wie ich es hier sage.

Wir mussten nie auf eine Mahlzeit verzichten oder auch nur an den Zutaten sparen. Wir haben ein wunderschönes Haus in einer fantastischen Wohngegend. Unsere Kinder gehen in eine Eliteschule. Wir haben zwei Autos mit Vollkaskoversicherung. Wir haben noch keinen einzigen Tag ohne Krankenversicherung erlebt. Unsere Schränke quellen über. (Ja, auch nachdem wir einmal gründlich aussortiert haben, fehlt es uns in punkto Kleidung an nichts, auch wenn wir heute weniger haben als früher.) Noch immer werfen wir manchmal Lebensmittel weg, die wir nicht verbrauchen konnten. Und noch immer bedarf es echter Anstrengung, das, was sich recyceln lässt, zu recyceln und ganz bewusst Dinge zu vermeiden, die später nur unbrauchbarer Abfall sein werden.

Du kannst mir glauben: Diese Einsicht war für mich so etwas wie ein Tritt in den Hintern. Aber irgendwann akzeptierte ich die Tatsachen und entwarf einen Plan, wie ich in Zukunft mit weniger auskommen und mich mit der Einfachheit anfreunden könnte. Einfachheit würde mir helfen, mein Leben langsamer und bewusster zu führen. Und tatsächlich: Als ich weniger besaß und merkte, dass ich auch weniger brauchte, schenkte mir das mehr inneren Frieden. Es ergaben sich Möglichkeiten für neue Aktivitäten für uns als Familie, Dinge wie Recycling, ehrenamtliche Aufgaben und Gartenarbeit. Wir konnten jeden Monat mehr Geld zurücklegen, das wir an Organisationen und Initiativen spenden konnten, deren Anliegen wir unterstützten. Und wir bekamen einen ganz neuen Blick für die Bedürfnisse unserer Mitmenschen und dafür, wie wir im Leben von anderen segensreich wirken konnten.

Aber ich will ganz ehrlich sein: Es bedeutete auch, dass ich weniger Wäsche zu waschen hatte, ein bisschen weniger Müll raustragen musste und nach dem Lebensmittel- oder Klamotteneinkauf weniger Gewissensbisse hatte.

Mit weniger zu leben hat uns *mehr* gegeben. Mehr Zeit. Mehr Geld. Mehr Freude. Mehr gute Möglichkeiten. Mehr, das wir an andere abgeben konnten. Und in mir hat es eine neue Liebe zu dieser Erde geweckt, ein Bewusstsein für unsere natürlichen Ressourcen und ein bisschen Begeisterung dafür, wie viel jeder Einzelne doch tun kann, um unseren Kindern und Enkeln einen besseren Planeten zu hinterlassen.

Gott hat uns diese Schöpfung anvertraut, damit wir für sie sorgen. Was für eine Ehre! Ist es nicht fantastisch: Wir Menschen können unsere Nahrungsmittel und Blumen selbst anbauen, können uns um das Vieh kümmern, für weniger Chaos und weniger Krimskrams in unseren Wohnungen sorgen und unsere Gemeinden und Gemeinschaften vor Ort unterstützen, indem wir bei unseren

Käufen und sonstigen Entscheidungen auf Nachhaltigkeit achten.

Und es tut so gut, sich im Freien aufzuhalten! Gott hat den Dreck geschaffen und ein bisschen Dreck an den Händen tut nicht weh. Auch wenn es manchmal ein Weilchen braucht, bis man ihn unter den Fingernägeln herausgeschrubbt hat. Aber das alles ist gut. Dreck ist was ganz Natürliches.

Einfach mehr Freiraum ist eine geistliche Reise in Sachen einfacher leben. In Sachen nachhaltiger Leben. Ich lade dich darin ein, bewusst eine Haltung der Dankbarkeit einzuüben und in deinem Umgang mit den natürlichen Ressourcen eine Grundhaltung des „Weniger ist mehr" zu entwickeln.

Einfacher zu leben ist ein Weg, wie wir selbst und auch unsere Familien mehr inneren Frieden erleben können. Ein nachhaltiger Lebensstil ist ein Akt der Dankbarkeit und ein Ausdruck von Mitgefühl.

Oh, noch eine letzte Anmerkung zum zeitlichen Rahmen. Ich habe dieses kleine Projekt in sieben Tage aufgeteilt. Aber bitte fühl dich frei, nach deinem eigenen Tempo vorzugehen. Stimm das Ganze einfach auf deine Lebenssituation und die deiner Familie ab.

Vielleicht hast du ja Lust, dir für jedes der sieben Themen eine Woche Zeit zu nehmen. Aber es gibt natürlich auch die Überflieger, und die beneide ich jetzt schon.

Andere möchten sich vielleicht sogar einen ganzen Monat pro Thema gönnen.

Und wieder andere nehmen sich unter Umständen lieber vor, sich jeden Monat eine Woche lang mit einem der Themen zu befassen.

Egal, wie du vorgehst – wichtig ist: Tu es mit offenem Herzen, mit offenen Augen, und sei nicht zu streng mit dir selbst. Es gibt keine falschen Antworten. Und es gibt auch nicht das eine Endziel, das alle erreichen müssen.

Wir können nicht alle so vollkommen sein wie Jesus. Und auch nicht so perfekt organisiert wie Marie Kondo. Ich jedenfalls habe dafür garantiert keine Zeit. Wenn ich mir ein paarmal in der Woche die Haare bürste, ist das für mich schon eine echte Leistung. Gott sei Dank müssen wir ja nicht alle jederzeit gestriegelt und gekämmt sein.

Also dann: Auf geht's und viel Erfolg! Mach dir die Hände schmutzig. Räum diese alten Schränke auf. Nimm dir Zeit für jede Menge Nichtstun. Iss gute, gesunde Lebensmittel. Und atme ein wenig freier.

Du hast ja schon angefangen. Und du machst das bereits sehr gut.

1

KÜCHE

Was immer ihr esst oder trinkt oder tut,
das tut zur Ehre Gottes!

1. Korinther 10,31

Entdecken, wie gut nachhaltige Ernährung ist

Den Begriff der *Nachhaltigkeit* kennen wir inzwischen alle. Vielleicht weckt er in dir Vorstellungen von Tiny Houses, Fairtrade-Handel, Solaranlagen und von dieser etwas bizarren älteren Frau in Filzmütze, Stulpen und Wollpullover, die dir auf dem Wochenmarkt deine Einkäufe in Zeitungspapier einwickelt und allen ihren fünfzehn Legehennen Namen gegeben hat. *Das ist übrigens eine Beschreibung von mir in dreißig Jahren. Vorausgesetzt, ich kann dann noch in meinen Birkenstock-Sandalen laufen.*

Aber was bedeutet es denn, sich nachhaltig zu ernähren? Die *Arbeitsgruppe Nachhaltige Ernährung e.V. München* hat sieben Kriterien entwickelt, die es zu beachten gilt, wenn man bei der Wahl seiner Lebensmittel nachhaltig handeln möchte:

1. Bevorzugung pflanzlicher Lebensmittel (überwiegend Milchprodukte, Getreide, Hülsenfrüchte, Nüsse und Samen, Gemüse)

2. ökologisch erzeugte Lebensmittel
3. regionale und saisonale Erzeugnisse
4. Bevorzugung gering verarbeiteter Lebensmittel (Roh- bzw. Frischkost, keine Fertiggerichte)
5. fair gehandelte Lebensmittel
6. ressourcenschonendes Haushalten
7. genussvolle und bekömmliche Speisen

Und die *Akademie für Ernährung und Diätetik* meint dazu:

Das Konzept der Nachhaltigkeit bezieht sich auf die Produktion von Lebensmitteln oder anderen pflanzlichen oder tierischen Produkten unter Verwendung von Anbaumethoden und Praktiken, die dazu beitragen, natürliche Ressourcen zu erhalten, und möglichst wenige nachteilige Auswirkungen auf die Umwelt haben. Nachhaltige Landwirtschaft ermöglicht es uns, gesunde Lebensmittel zu produzieren, ohne künftigen Generationen die Möglichkeit zu nehmen, das Gleiche zu tun. Nachhaltiges Essen bedeutet, Lebensmittel zu wählen, die für unsere Umwelt und unseren Körper gesund sind.[1]

Das Ziel besteht also darin, gesund zu essen und gleichzeitig die negativen Einflüsse der Lebensmittelproduktion auf unsere Erde so gering wie möglich zu halten.

Klingt doch ganz einfach, oder? Immer mehr Menschen leben nach diesen Prinzipien. Andere denken aber, das sei ein Lebensstil, der eher zu Ökofreaks passe, die keine kleinen Kinder haben, nicht von Arbeitslosengeld leben, dafür aber Sonnenkollektoren auf dem Dach haben.

Egal, wie du dazu stehst, und egal, ob du diesen Lebensstil bereits mehr oder weniger praktizierst: Jeder Einzelne von uns hat die Möglichkeit, durch Veränderungen im Kleinen im Laufe der Zeit große Ergebnisse zu erzielen. Ich bin die Letzte, die vorschlagen würde, gedankenlos die eigenen Besitztümer zu entsorgen, das gesamte Leben umzukrempeln oder die eigenen Umstände unrealistisch außer Acht zu lassen. Aber ich habe eine Hoffnung: dass wir anfangen können, bewusster zu leben, ohne nur das kleinste bisschen Freude zu verlieren, wenn wir offen sind für die Tatsachen und Möglichkeiten, die direkt vor unseren Füßen liegen.

Einfach und nachhaltig zu essen (und zu leben), kann Freude machen und sehr lohnenswert sein, wenn wir erst einmal damit anfangen.

Lieblingsideen

Bevor du jetzt sofort alle Konservendosen und Chipstüten entsorgst, noch ein kleiner Hinweis: Der Weg zu nachhaltiger Ernährung ist kein Wettrennen, sondern ein Prozess. Du musst *gar nichts* loswerden. Überhaupt nichts. Zumindest nicht jetzt und nicht, wenn du es nicht wirklich willst. Und immer ein paar Lebensmittel auf Vorrat im Keller oder im Gefrierschrank zu haben, ist auf jeden Fall vernünftig!

Zu Beginn dieser unterhaltsamen Reise kannst du einfach damit anfangen, dass du dir einen Überblick darüber verschaffst, welche Nahrungsmittel in deinen Schränken stehen und liegen. Dann mach dir Gedanken darüber, wie und wann du sie verwenden möchtest. Und notiere dir vor dem nächsten Einkauf, welche gesunden und nachhaltigen Dinge du einkaufen willst – möglichst ohne zusätzliche Verpackung. Wenn du das, was du brauchst, aus saisonaler und regionaler Erzeugung bekommen kannst, ist das großartig. Wochenmärkte und Hofläden sind hier gute Adressen.

Fang klein an! Ersetze einen oder zwei Artikel von deiner bisherigen Liste durch Bioprodukte. Und nach und nach mehr. Mach dir klar: Was du tust, ist genug. Du bist genug, denn Jesus ist genug.

Ich beschränke mich – ER ist genug.

Ich vereinfache mein Leben – ER ist genug.

Er ist unser Erbteil, wenn Nahrung und Kleidung und Komfort hinter dem zurückbleiben, was wir so lange gewohnt sind. Er kann uns heilen – von unserer Gier, unseren Exzessen, unserem Materialismus und Stolz, unserer Selbstsucht und unserem Neid. Unsere irdischen Besitztümer und Annehmlichkeiten werden vergehen; aber Jesus ist mehr als genug. Das kannst du mir glauben.

In meiner privilegierten Welt, in der es mir so oft schwerfällt zu unterscheiden, ob ich etwas „brauche“ oder ob ich es „möchte“, ist das Einzige, was ich wirklich brauche, die Gegenwart Jesu. Und diese Stofftaschen oder den Korb für den Einkauf. Wenn ich nur daran denken könnte, sie nach Gebrauch immer gleich wieder in den Kofferraum zu legen!

Trommelwirbel bitte! Hier sind ein paar Lieblingsideen zu nachhaltigem Einkaufen und Kochen:

- **WOCHENMÄRKTE UND BIOLÄDEN.** Regional erzeugte und frische Produkte (Obst, Gemüse, aber auch Backwaren und Fleisch) sind hier am besten zu bekommen. Großer Vorteil: Du schleppst nicht mit jedem gekauften Artikel eine Plastikverpackung mit nach Hause. Vielfach ist es auch bereits möglich, eigene Gefäße mitzubringen, in die deine Fleisch- und Wurstwaren eingepackt werden. Wochenmärkte sind auch ideal, um mit dem Fahrrad hinzufahren. Neben dem Umweltvorteil, wenn du dort einkaufst, bieten sie dir auch Gelegenheit, Menschen zu treffen und dich in deinem Umfeld heimisch zu fühlen. Mit dem Verkäufer am Obststand kannst du ein Schwätzchen halten, mit der Kassiererin im Supermarkt nicht.

- **VERPACKUNGEN.** Ja, ich rede schon wieder über diese Stofftaschen und Einkaufskörbe, die man immer mitnehmen sollte. Seit Januar 2022 gilt in Deutschland ein

Verbot für leichte Plastiktragetaschen; Ausnahmen bilden die Tüten für den Transport von stückweise angebotenem Obst und Gemüse. Plastiktüten verschwinden zwar zunehmend aus dem Angebot, aber noch sind sie eben noch nicht ganz verschwunden. Seit 2016 werden Kunststofftragetaschen zwar nur noch gegen Bezahlung angeboten, und Verbraucher nutzen seitdem immer weniger Plastiktüten. Aber die Deutschen verbrauchen weiterhin noch etwa 18 Tüten pro Jahr – insgesamt sind das rund 1,49 Milliarden Tüten!
Eigene Gefäße habe ich ja oben schon erwähnt. Aus Hygienegründen ist das nicht überall erlaubt oder möglich, denn die Hygienevorschriften beim Verkauf loser Frischwaren (z. B. Brot, Käse und Wurst) sind streng. Aber vielleicht bietet dein örtlicher Supermarkt ja Mehrweglösungen an.

- **VERBRAUCHE, WAS VORHANDEN IST, BEVOR DU MEHR EINKAUFST.** Ah, jetzt sind wir beim Kochen. Wie schon gesagt: Es gibt keinen Grund, vorhandene Lebensmittel wegzuwerfen, es sei denn, sie sind verdorben. Aber du kannst kreativ werden! Schnapp dir eine Handvoll Sachen aus deinem Vorratsschrank, und überlege, welche Leckereien du daraus fabrizieren könntest. Und vergiss dein Gewürzregal dabei nicht! Zu viele Gemüsekonserven? Koch eine Suppe. Eingefroren halten Suppen sich übrigens monatelang. Du hast die Zutaten für Brot oder Muffins im Haus? Dann back doch etwas. Clever ist es, das Vorhandene aufzubrauchen, bevor du deine Vorräte wieder auffüllst.

- **LEG DOCH MAL EINEN FASTENTAG EIN.** Vorab bemerkt: Ich bin keine Ärztin. Also solltest du mit deinem Arzt bzw. deiner Ärztin besprechen, ob ein paar Fastentage für dich okay sind – vor allem, wenn du irgendwelche Vorerkrankungen hast. Aber man muss ja auch nicht gleich ins Extrem verfallen. Fasten kann bedeuten, dass man eine Mahlzeit am Tag auslässt und stattdessen zwei Gläser Wasser trinkt und etwas Obst isst. *Wenn du das sowieso schon machst: Herzlichen Glückwunsch!* Fasten kann auch heißen, tagsüber nichts zu essen und am Abend ein leckeres Menü zu genießen. Es könnte ebenfalls bedeuten, eine Woche lang vorwiegend Vollkornprodukte zu essen oder mal einen Monat auf Fleisch und Wurst zu verzichten. In jedem Fall wird das Fasten – wie immer du es gestaltest – deinem Verdauungssystem eine willkommene Verschnaufpause schenken und vielleicht auch dein Portemonnaie schonen.

Anregungen für mehr Freiraum

Als ich anfing, mir Gedanken über einen bewussteren Lebensstil zu machen, standen bei mir in Vorratskammer, Kühlschrank und Gefrierfach etwa 240 Lebensmittelpackungen. Es gab zwei ganze Schubladen voller Tupperware, weil ich manchmal nicht mehr wusste, was ich schon besaß, und einfach etwas Neues dazukaufte. Und fast alle meine Lebensmittelvorräte waren industriell verarbeitet. Und auf einmal machte mich das unruhig.

Manchmal stößt man auf ein Buch, das die eigene Weltsicht revolutioniert. Und man ist versucht, den Inhalt einfach als eigene Gedanken weiterzugeben. Für mich war ein solches Buch Michael Pollans *Lebensmittel.*[2] Dieses Buch hat meine Einstellung zu Lebensmitteln und Ernährung völlig verändert. Wenn ich könnte, würde ich es hier vollständig zitieren.

Aber hier wenigsten der Hauptgedanke: Iss gute Lebensmittel. Nicht zu viel. Vor allem Obst und Gemüse.

Was Michael Pollan mit „guten Lebensmitteln" meint, ist „echte Nahrung" – Produkte vom Feld, von Bäumen, Pflanzen oder auch Tieren, an denen nicht herumgepfuscht wurde. Nahrung, die nicht mit Maissirup versetzt oder mit Hormonen gespritzt wurde. Bionahrung.

Unsere Großeltern aßen Fleisch vom örtlichen Metzger (der keine Tiere aus Massenhaltung schlachtete, sondern sie bei den Bauern des Dorfes kaufte) und frisch

JENS TIPPS UND TRICKS FÜR EIN LEICHTERES LEBEN

Ich nehme gern meine gebrauchten Eierverpackungen immer wieder mit zum Markt, damit mein Eierhändler sie noch einmal verwenden kann. Aus irgendeinem verrückten Grund macht mich das glücklich.

Finde heraus, wann und wo bei dir in der Nähe der nächste Wochenmarkt stattfindet oder wo der nächste Hofladen ist. Und dann geh hin.

geerntetes Gemüse aus dem eigenen Garten. Wir essen Tiefkühlfleisch aus Australien und Kanada und gefrostetes Gemüse, das um die halbe Welt gereist ist.

Heute – und das ist historisch beispiellos – wandelt sich innerhalb einer Generation die Kultur des Essens grundlegend. Die Maschinerie wird von einem milliardenschweren Marketingmotor einer Lebensmittelindustrie angetrieben, die nur davon lebt, dass es ständig neue Produkte gibt. Ganz zu schweigen von der Ernährungswissenschaft mit ihren Jahr für Jahr neuen Theorien, die nach nicht allzu langer Zeit wieder überholt sind.

Heute sind Eier out. Im nächsten Jahr sind Eier gut,

aber Kohlenhydrate sind die Wurzel allen Übels. Bald wird es heißen, dass uns Wasser und Luft umbringen. Und je nachdem, wo man lebt, ist das leider nicht allzu weit hergeholt.

Laut Michael Pollan gehen vier der zehn häufigsten Todesursachen auf den Konsum industrialisierter Lebensmittel zurück: koronare Herzerkrankungen, Diabetes, Schlaganfall und Krebs. Diese Diagnosen sind selten in Ländern, in denen sich die Menschen nicht so ernähren wie wir, auch wenn die dortige Ernährung reich ist an Fett und Kohlenhydraten – den beiden ernährungstechnischen Hauptübeltätern, die wir im Westen bekämpfen.

Die westliche Ernährung beruht auf den folgenden Grundpfeilern:

- eine Entwicklung zu immer mehr industriell verarbeiteten Lebensmitteln und raffiniertem Getreide,
- Einsatz von Chemie zur Aufzucht von Pflanzen und Tieren in riesigen Monokulturen,
- Überfülle an „billigen" Kalorien aus Zucker und Fett,
- massiver Fast-Food-Konsum,
- Begrenzung auf eine Handvoll von Grundnahrungsmitteln,
- viel zu wenig Obst, Gemüse und Vollkornprodukte.[3]

Das sind schlechte Zukunftsaussichten für uns und geradezu katastrophale für unsere Kinder. Eigentlich sollte die

Lebenserwartung bei uns in den USA auf unbestimmte Zeit steigen. Aber eine Datenanalyse des *New England Journal of Medicine* deutet darauf hin, dass sich dieser Trend bald umkehren wird: Der Anstieg der Fettleibigkeit, insbesondere bei Kindern, ist besorgniserregend.

Unsere Kinder sind die erste Generation in der Geschichte Amerikas, die eine kürzere Lebenserwartung hat als ihre Eltern.[4]

In Deutschland sieht es nicht viel besser aus. Die Deutschen leiden unter den Folgen einer sich ausbreitenden Epidemie: Übergewicht. Mehr als 20 Prozent der deutschen Frauen und Männer sind stark übergewichtig. Und die Adipositas wird auch hier dazu führen, dass erstmals seit 50 Jahren die Lebenserwartung sinkt.[5]

Es gibt aber einen Ausweg aus diesem Wahnsinn. Und wir alle sind Teil der Lösung. Die Abstimmung findet schließlich dreimal am Tag statt – im Kochtopf und mit Messer und Gabel.

Seit ich mehr über die globale Erwärmung und den Klimawandel gelesen und diese Themen nun auch besser verstehe als früher, habe ich eine Entscheidung getroffen: Ich esse weniger Fleisch. Denn ich habe begriffen, dass die Fleischindustrie erheblich zur Erderwärmung beiträgt. Der Westen konsumiert das meiste Fleisch und ist damit in dieser Hinsicht verantwortlich für den Großteil des Problems.

Ich werden viel öfter fleischlos essen. Und ich werde konsequent der Behauptung widersprechen, dass ein einzelner Mensch, der sein Essverhalten ändert, doch aufs Ganze gesehen nichts verändern kann. Ich werde mich diesem Gedanken entgegenstellen, denn ich möchte meinen Enkeln und Urenkeln eine gute Antwort geben können, wenn sie mich eines Tages fragen, was ich getan habe, um unsere Welt für sie – meine Nachkommen – zu bewahren. Ich werde meinen Fleischkonsum deutlich reduzieren.

Heute koche ich viel mehr mit naturbelassenen Zutaten als früher. Und ich achte auf meine Vorratshaltung – darauf, nie zu viel im Haus zu haben!

In einem Punkt habe ich allerdings das Handtuch geschmissen, weil es mir zu oft misslungen ist: Ich werde nie wieder versuchen, Toffee selbst zu machen – oder irgendetwas anderes, wofür man Zucker erhitzen muss.

Gerade jetzt steht mal wieder eine altbewährte gusseiserne Pfanne auf meiner Veranda. Bis zum Gehtnichtmehr habe ich versucht, darin Zucker zu erhitzen. Also: Es war der dritte Versuch, selbst Toffee zu machen, und ich bin fix und fertig. Hallo, Toffee, mir ist klar, dass wir beide keine Freunde werden. Ich kann deine Zuckersüße einfach nicht hervorzaubern, wenn ich dich auf eine Herdplatte stelle. Ich kapituliere. Das war's. Du hast gewonnen. Wenn ich unbedingt Toffee brauche, werde ich mir welches kaufen. Und damit einfach meinen Frieden machen.

Schlussgedanken

Nur unerfahrene Menschen glauben alles,
was man ihnen erzählt!
Die Klugen aber bedenken jeden ihrer Schritte.

Sprüche 14,15

Weißt du, was passiert ist, nachdem wir einen Monat lang nur Vollwertkost und praktisch kein Fast Food gegessen hatten? Meine Hosen schlotterten. Du kannst es dir gern bildlich vorstellen.

Aber mal ernsthaft: Während ich normalerweise ein Nachmittagstief hatte, fühlte mich jetzt energiegeladen. Meine Hautfarbe war rosig. Meine Allergien verschwanden. Ich hatte keine Verdauungsprobleme. Meine aufgesprungenen Lippen heilten. Ich schwöre, meine Augen wurden weißer.

Aber das ist noch nicht alles. Während ich früher im Supermarkt zum Einkaufen zwei Stunden brauchte, brauchte ich auf dem Wochenmarkt nur noch gut eine halbe Stunde. Und ich habe nur halb so viel Geld dafür ausgegeben. Und viel weniger Verpackungsmüll produziert. Du kannst dir nicht vorstellen, wie viel Geld wir sparen, seit wir hauptsächlich selbst kochen und weniger essen gehen.

Wir verschwenden weniger. Wir erfinden neue Rezepte. Reste werden gegessen, das kam vorher selten vor. Es gab ja so viele Alternativen. (Warum das Essen von gestern essen, wenn man etwas Neues und anderes haben kann?) Und öfter als je zuvor traf sich die Familie in der Küche, um zu schnippeln und zu rühren und gemeinsam den Tag Revue passieren zu lassen.

„Einfacher und bewusster essen" ist vielleicht eine gute Idee für uns alle. Und das aus mehr als nur einem Grund. Ich denke zum Beispiel an mehr geistlichen Durchblick und ein gesundes geistliches Leben. An Abfallreduzierung und Zeitmanagement und verantwortlichen Umgang mit Geld und Dankbarkeit – auch dazu ließe sich noch mehr sagen. Und über vieles andere auch. Aber für den Anfang soll das erst einmal genügen.

In all diesen Dingen (wie auch als Autorin) ist Barbara Kingsolver viel besser als ich. Schließen wir also mit einigen ihrer wirklich inspirierenden Gedanken:

Die Frauen meiner Generation kehrten der Küche den Rücken: Und wir wurden auf diesem Weg hofiert von einer profitorientierten Industrie, die ein erschöpftes und verletzliches Marketingopfer erkannte, wenn sie es sah. „Hey, Ladies", rief sie uns zu. „Ja, befreit euch. Um das Abendessen kümmern wir uns." Sie öffneten die Tür unseres Käfigs, und wir marschierten hinaus – in eine Welt schlechter Ernährung und vergifteter Lebensmittel, die im Angebot waren ... Aber im normalen Alltag erwies der Handel sich als Teufelswerk. Wir gaben den Duft von frisch gebackenem Brot, den gemächlichen Rhythmus gemeinsamer Mahlzeiten und die Freude daran, den Geschmack und die Lebensfreude unserer Familien zu prägen, auf. Und was erhielten wir dafür? Den Minivan und abgepackte Sandwiches.[6]

Ich bin überzeugt: Es gibt einen Weg zurück. Und ich glaube, wir können ihn finden und ausgestalten, fördern und in gesunde Mahlzeiten umsetzen. Einen Weg, auf dem wir unserem Körper und unseren Familien die gebührende Ehre erweisen können – und unserem Gott, der uns eine ganze Erde voller köstlicher und gesunder Nahrung geschenkt hat.

Es gibt einen Ausweg aus diesem Wahnsinn.
Und wir alle sind Teil der Lösung.

2

BEKLEIDUNG

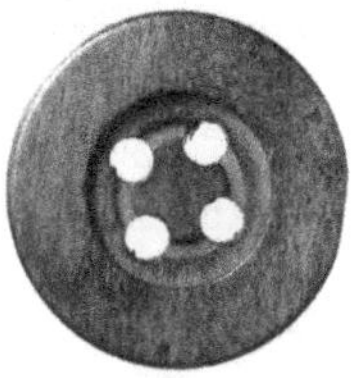

Macht euch keine Sorgen um äußere Schönheit,
die auf modischen Frisuren, teurem Schmuck oder
schönen Kleidern beruht. Eure Schönheit soll von innen
kommen – das ist die unvergängliche Schönheit
eines freundlichen und stillen Herzens,
das Gott so sehr schätzt.

1. PETRUS 3,3–4

Das Ende des Kleiderschrank-Chaos

Kleidung ist eine von vielen Möglichkeiten, um auszudrücken, wer wir sind. Wir wollen unverwechselbar sein – und so wählen wir den Stil, der unsere Persönlichkeit zum Ausdruck bringt. Wir fühlen uns nicht in jedem Outfit wohl – nur in dem, das zu uns passt. Kleidung bedeutet Individualität. Die Auswahl an Modeläden, Labels, Mustern, Farben und Schnitten ist unendlich. Und wenn wir über ein gewisses Einkommen verfügen, kann es leicht passieren, dass unsere Schränke überquellen. Das erklärt, wie schockiert ich war, als ich feststellte, dass sich in meinem Kleiderschrank 327 Kleidungsstücke befanden. Ja, du hast richtig gelesen: 327. Und das sind nur meine Sachen. Ich habe den Rest der Familie nicht einmal mitgezählt. Und dabei bin ich noch nicht mal ein ausgesprochener Modefreak!

Was will ich damit sagen? Wenn wir uns keine Gedanken darüber machen, was wir haben, was wir wirklich brauchen und was wir kaufen, dann passiert es schnell, dass sich das Zeug bei uns stapelt, ohne dass wir es richtig merken. Und irgendwann haben wir dann keine freien Kleiderbügel oder keinen Platz mehr.

Aber das war nicht immer so.

Vor knapp 200 Jahren (ja, das ist deine Geschichtsstunde für diese Woche!), also bevor Elias Howe in den Dreißigerjahren des vorletzten Jahrhunderts die Nähmaschine erfand, hatten die Menschen der Mittel- und Unterschicht viel weniger Kleidungsstücke. Die meisten Menschen hatten zwei Outfits – eines für den Alltag und eines für den Sonntagsgottesdienst – und manche vielleicht auch noch ein drittes für den Fall, dass das Wetter umschlug.[1] Es fällt uns allen sicher schwer, das nachzuvollziehen. Sie konnten ja nicht mal schnell in den nächsten Klamottenladen fahren, wenn das Hemd einen Fleck abgekriegt hatte.

Etwas besser gestellte Leute konnten sich ein paar Kleidungsstücke mehr und wahrscheinlich auch eine Näherin leisten. Aber trotzdem hatten sie vergleichsweise wenig Kleidung zum Wechseln. Von den Schuhkollektionen der Damenwelt von heute ganz zu schweigen.

Was will ich damit sagen? Wenn wir auch sicher mehr als drei Outfits brauchen, um über das Jahr zu kommen, so brauchen wir wahrscheinlich nicht Hunderte von Kleidungsstücken, damit wir einigermaßen akzeptabel aussehen und gleichzeitig noch unseren persönlichen Stil an den Tag legen, wenn wir das Haus verlassen. Vielleicht brauchen wir ja nur die Hälfte all dessen, was wir besitzen? Dir bleibt bei diesem Gedanken die Luft weg? Der Schritt wäre zu groß? Okay. Könntest du in deinem Schrank fünf Kleidungsstücke finden, die du nicht wirklich trägst und die du weggeben könntest? Ich wette darauf.

An diesem Thema musste ich immer wieder arbeiten. Ich bin – ob du es glaubst oder nicht – zwar nicht shoppingversessen, aber Shoppen ist in unserer Kultur unglaublich wichtig geworden. Für viele ist es mehr als ein Zeitvertreib; es ist eine Flucht aus der Langeweile, eine Methode, um andere wichtige Dinge vor sich herzuschieben, eine Art und Weise, Zeit mit Freunden und Verwandten zu verbringen, und ein Weg, Menschen, die wir lieben, zu beschenken. Glaub mir, nichts sagt so deutlich: „Ich liebe dich" wie Boxershorts mit einem großen Kussmund auf dem Hintern.

Nein, ich empfehle hier nicht, dass du alle deine Klamotten wegschmeißt und deine Kreditkarte schredderst. Was ich sagen will, ist: Nimm dir etwas Zeit, um eine Bestandsaufnahme von allem zu machen, was du hast. Ja, von allen Schränken und Kommoden und Aufbewahrungsboxen mit Klamotten. Mach dir einfach mal ganz klar, wie viele Kleidungsstücke du derzeit besitzt. Und dann überleg dir, was davon du wirklich brauchst. Und erinnere dich daran, wenn du das nächste Mal shoppen gehst. Nimm die Frage mit: *Brauche ich das wirklich?* Und wenn du ein bisschen Zeit übrig und Lust hast, mal auszumisten, dann sieh deine Sachen durch. Was kannst du verschenken? Spenden? An einen Menschen weitergeben, der es gebrauchen könnte oder schlicht Freude daran hat?

Lieblingsideen

Gewöhnlich trage ich Jeans und T-Shirt. Kein besonders modebewusster Stil. Ich sehe aus wie eine Studentin, die erst fünf Minuten vor der Vorlesung aufgestanden ist – nur deutlich älter. Tatsächlich trage ich zu all meinen Meetings so ziemlich genau dieselben Klamotten. Wenn also Bilder gepostet werden und du dich fragst: „Ist das immer noch dasselbe Meeting?" Nein. Ich habe nur zu fünf Terminen dasselbe Outfit getragen. „Richtet nicht ..."

Wie auch immer. Ich bin nicht auf dem Neuester-Trend-Trip und vielleicht auch einfach zu bequem, um zu viel Zeit damit zu verbringen, über meine Garderobe nachzudenken. Klamotten sind für mich einfach keine große Sache. Ich meine, zumindest gehe ich nicht in ein Bettlaken gehüllt aus dem Haus. Ah, da kommt mir eine Idee: *Könnte ich vielleicht aus einem Laken, Gürtel und Stiefeln einen neuen Look kreieren? Hmmmmh ... Mal sehen.*

Mal abgesehen von unserem persönlichen Kleidungsstil – wir sollten uns bewusst machen, dass alle Kleidungsstücke, die wir besitzen, uns eines Tages aus unseren zarten kleinen Händen genommen werden. Sie wandern in den Altkleidercontainer, die Rote-Kreuz-Sammlung oder in ein Recyclingsystem. 85 Prozent aller Textilien landen jedes Jahr im Müll. Das bedeutet, dass umgerechnet ein Müllwagen voller Kleidung pro Sekunde verbrannt oder auf einer Deponie abgeladen wird.[2]

Deutschland produziert jährlich 391 752 Tonnen Textilabfall. Nur Italien macht mit 465 925 Tonnen Gesamtmenge mehr Müll dieser Art. Umgerechnet wirft also jeder Deutsche im Durchschnitt 4,7 Kilogramm Klamotten pro Jahr weg, womit die Bundesrepublik Platz 7 der 15 größten Textilverschwender in Europa belegt.[3]

Mir wird ganz anders, wenn ich daran denke, wie viele Sachen ich im Laufe der Jahre aus einer Laune heraus oder weil sie im Angebot waren oder weil ich die Farbe oder das Muster mochte, gekauft, aber letztlich kaum getragen habe. Lektion gelernt!?

Inzwischen sind wir ja bewusstere Konsumentinnen. Im Hinblick auf einen einfacheren Kleidungsstil steht uns durchaus eine Palette an Möglichkeiten offen. Die sind alle in Ordnung, und wenn sie in dir ein bisschen Kreativität wecken, umso besser!

- **KAUFE WENIGER KLAMOTTEN.** Wenn uns erst einmal klar ist, wie viel wir besitzen, können wir kritische Konsumentinnen sein und nur noch das kaufen, was wir *wirklich* brauchen. Natürlich ist es nicht einfach, den verlockenden „SALE“-Schildern zu widerstehen. Aber brauchen wir das Shirt wirklich in allen dreizehn verfügbaren Farben? Also: Tief durchatmen – und dann: Entscheide dich für die Farbe, die du wirklich tragen wirst. Über den Rest kann ja jemand anders aus dem Häuschen geraten.

- **KLEIDERSPENDEN AN ÖRTLICHE ORGANISATIONEN** (Tafelläden, Kirchengemeinden, Rotes Kreuz usw.). Das solltest du dir ein Mal im Jahr vornehmen. Es zwingt dich, zunächst eine Bestandsaufnahme zu machen: *Was habe ich alles?* Und es hilft dir auch festzustellen, was du im vergangenen Jahr tatsächlich getragen hast. Wenn du Sachen findest, an denen noch das Preisschild hängt ... nun, vielleicht freut sich jemand anderer darüber, im Secondhandladen ein solches Schnäppchen gemacht zu haben.

- **TRAGE NACHHALTIGE MODE.** Willst du auch der Umwelt helfen? Biokleidung (Biobaumwolle, Seide, Jute, Wolle, Ramie und Bambus) wird mit nachhaltigen Anbaumethoden produziert, in denen die Rohstoffe ohne Pestizide oder andere giftige Chemikalien angebaut werden.

- **UPCYCELN.** Das ist etwas für alle, die handwerklich begabt sind. Wenn ein Kleidungsstück einen hartnäckigen Fleck oder einen Riss hat, bedeutet das nicht, dass es weggeworfen werden muss. Werde kreativ! Flicken und Applikationen können fast jeden Fleck überdecken. Und dann gibt es ja auch noch den Trend, bei dem Risse und Löcher in der Kleidung total „in" sind. Wenn es dir immer noch nicht gefällt, greif zu Nadel und Faden und näh den Riss. Bonuspunkte für alle, die ihrer Flickarbeit einen besonderen Pfiff geben und etwa trendige Motive und Muster einarbeiten.

- **KAUFE IN SECONDHANDLÄDEN.** Eine meiner Lieblingsalternativen. Wenn du unbedingt ein Teil brauchst und es nicht nagelneu sein muss (oder falls du einfach mal aus dem Haus musst, um zu dir zu kommen), ist

JENS TIPPS UND TRICKS FÜR EIN LEICHTERES LEBEN

Ich habe Sydney gerade bestochen, mit Remy shoppen zu gehen, ohne dass ich dabei sein muss. Womit? Ich habe unauffällig noch ein paar Dollar zugeschossen. Bin ich nicht clever? Ja, ich habe gerade einen Besuch bei H&M vermieden und sitze jetzt stattdessen mit einer Tasse Kaffee gemütlich vor dem Kamin. Und sie schicken Bilder aus der Umkleidekabine und fragen mich nach meiner Meinung. Ich habe auf ganzer Linie gewonnen.

der örtliche Secondhandladen eine Fundgrube, in der zahllose Schätze nur darauf warten, entdeckt zu werden! Du kannst hier tolle Schnäppchen machen.

Anregungen für mehr Freiraum

Im Gegensatz zu meinen Söhnen, die ihre Jeans erst wegwerfen, wenn die Knie durchgescheuert sind und der Saum zerfetzt ist, werfen die meisten Frauen Kleider weg, die sie einfach satthaben oder die nicht mehr richtig passen. Meist sind diese Sachen noch in gutem Zustand oder könnten nach einer Reinigung durchaus wieder passabel aussehen. Ich weiß, wovon ich rede. Denn als ich anfing, mir Gedanken über einen einfacheren Kleidungsstil zu machen, musste ich feststellen, dass in meinem Schrank nagelneu aussehende Klamotten hingen, die ich seit Jahren nicht mehr getragen hatte.

Aber wie wäre es, wenn wir – ohne einen Cent auszugeben – unsere Garderobe auffrischen und die Konsummaschinerie nicht noch weiter anheizen, als es derzeit der Fall ist? Kleidungsstücke und Accessoires könnten zu einem neuen Leben „auferstehen".

Veranstalte doch eine Kleidertauschbörse mit Freundinnen, Nachbarinnen und Arbeitskolleginnen. Stell ein paar Snacks hin und Getränke kalt, leg Musik auf, und mach einen Mädelsabend daraus. Je mehr Frauen kommen, umso besser. Wenn deine Wohnung groß genug ist, könntest du auch eine Art Parcours aufbauen: Hosen hier, Handtaschen dort, Schuhe, Schmuck, Shirts, Accessoires und so weiter da drüben. Oder vielleicht willst du auch eine kleine Modenschau veranstalten. Und falls am Ende etwas übrig bleibt, könnt ihr die Kleidung einfach einer gemeinnützigen Organisation spenden.

Es ist nur eine schlichte Idee, aber es ist ein Anfang. Wenn wir unsere Konsumgewohnheiten ändern und unser Geld bedachter ausgeben, könnten vielleicht ein paar Probleme ans Licht kommen, die wir sorgfältig verdrängt hatten. Sie könnten unseren Standardbetriebsmodus stören und Fragen aufwerfen, die wir bis dahin nie gestellt hatten. Und hey, wenigstens würde jemand die zwanzig Sachen erbeuten, von denen wir schon seit sieben Jahren hoffen, dass wir irgendwann wieder reinpassen.

Beim Rückblick auf mein Experiment in Sachen einfacher und bewusster leben hat mich eines besonders überrascht: Wie einfach es war, einen Monat lang nur dieselben sieben Kleidungsstücke zu tragen. Ich weiß noch, dass mir die Idee zunächst verrückt vorkam und dass ich annahm, es würde eine echte Herausforderung für mich sein. Ich ahnte nicht, wie falsch ich damit lag. Es war eine echte Erleichterung, sich nicht jeden Tag mit einer Überfülle an Klamotten, den Entscheidungen, dem Waschen, dem ganzen Theater ums Outfit herumplagen zu müssen und dann auch noch festzustellen: *Es kümmert niemanden.* Ich hatte befürchtet, dass es Kommentare geben würde wie: *Hattest du diese Klamotten nicht schon vorgestern an?* Aber, nein, das passierte nicht.

Ich hatte gedacht, dass dies wohl der schwerste Monat in meinem Experiment werden würde – für mich und auch für meine Leserinnen. Wenn die Leute zum ersten Mal von dieser Idee hören, sind sie meist erst einmal abgeschreckt. Aber meine Erfahrung hat mich dazu gebracht, mir die Frage zu stellen, ob meine Leserinnen wohl eine ähnliche Überraschung erlebt haben bzw. erleben werden wie ich und dass es auch ihnen nicht ganz so schwerfallen wird, wie sie gedacht haben.

Die Wahrheit ist: Meinen Kleiderschrank auszumisten hat ein paar Veränderungen in mein Leben gebracht, die ich richtig gut finde. Keine morgendliche Grübelei mehr, was ich anziehen soll. Der Wäschekorb füllt sich viel langsamer. Einfach jeden Tag Jeans und T-Shirt tragen. Alles ist so viel einfacher und leichter geworden. Wenn ich an die vielen Klamotten denke, die ich entsorgt habe, sehe ich eigentlich nur verschwendete Zeit und Energie, noch mehr sinnlose Arbeit, Selbstbesessenheit und den Teufelskreis von „Je mehr er hat, je mehr er will". Und ich stelle fest: Im gleichen Maß, wie mein Krempel abnimmt, nimmt das zu, was wirklich zählt (Freude, Frieden und ein bewussteres Leben).

Ich bin eine echte Leseratte, und ich lerne gern dazu. So richtig durchgearbeitet habe ich das Buch *Consumed* des Politikwissenschaftlers Benjamin R. Barber. Nachdem ich die meisten Absätze zweimal gelesen hatte, setzten sich die Fakten allmählich in meinem Hirn fest – irgendwo zwischen „Gesunder Menschenverstand“ und „Sei kein Idiot“.

Ich erfuhr, dass Marketing früher die Grundbedürfnisse der Menschen ansprach, ohne viel Ausschmückung oder Übertreibung. Und in der Dritten Welt sind diese Grundbedürfnisse noch immer weitgehend ungestillt – auf Kosten von Leben, Gesundheit und Familie. Aber die Dritte Welt hat keinerlei Verbraucherkraft. Also zielte das Big Marketing auf den Geldbeutel der Privilegierten, erfand einen Haufen falscher Bedürfnisse (abgepacktes Zuckerwasser, Kollagen-Feuchtigkeitscreme, Fleckentferner, Kuscheldecken mit Ärmeln) und vergaß die Menschen, die immer noch täglich sterben, weil sie das Nötigste nicht haben, aber den Verlockungen der Konsumgesellschaft ausgesetzt sind, ohne daran teilhaben zu können.

In dieser neuen Epoche, in der die Bedürftigen ohne Einkommen und die Wohlhabenden ohne Bedürfnisse sind, ist die radikale Ungleichheit einfach vorausgesetzt ... Ungleichheit stellt den Kapitalismus vor ein Dilemma: Der überproduzierende kapitalistische Markt muss entweder wachsen oder sterben. Wenn die Armen nicht wohlhabend genug werden können, um Konsumenten zu werden, müssen die Erwachsenen in der Ersten Welt, die gegenwärtig für 60 Prozent des weltweiten Konsums verantwortlich sind und über ein hohes Einkommen verfügen, aber wenig echte Bedürfnisse haben, zum Einkaufen verführt werden.[4]

Schöner Mist. Das ist der Grund, warum wir zu viele Sachen in unseren Schränken, unseren Wohnungen, unserem Leben haben. Und ich bin ein Teil des Problems, eine Mitverursacherin der Ungleichheit. Jedes Mal, wenn ich mir ein weiteres Shirt kaufe, das ich nicht brauche, oder ein siebtes Paar Schuhe für meine Tochter, stecke ich einen weiteren Dollar in die Taschen des Konsumismus, füttere meine eigene Gier und vergrößere die Kluft. Und warum? Weil ich das Shirt mag. Weil die Schuhe so süß sind. Weil ich die Sachen haben will.

Dieser Gedankenzusammenhang belastet mich. Das Problem ist nur: Für sich genommen kann ich jeden Gedanken wegdiskutieren. Dieses eine Paar Schuhe? Kommt doch nicht drauf an. Dieses kleine Outfit? War im Angebot. Diese Mikro-Rechtfertigung lässt sich leicht auf fast jeden Kauf anwenden, den ich getätigt habe. Für sich gesehen gibt es für jeden Artikel eine einfache Erklärung, ist er nur eine harmlose Transaktion.

Aber was ist, wenn all meine dummen kleinen Einzelkäufe doch von Bedeutung sind? Was ist, wenn ich mich einer anderen Bewegung anschließen würde, einer, die weniger von Luxus verlockt und mehr an Gerechtigkeit interessiert ist? Was wäre, wenn ich glauben würde, dass jeder ausgegebene Dollar oder Euro lebenswichtig ist, ein Schlag gegen die Ungleichheit?

Wenn ich wieder einmal das Gefühl habe, dass die Wahlmöglichkeiten mich überfordern, muss ich mich nur an das erinnern, was Jesus gesagt hat. Er bringt die Sache auf einen einfachen Nenner: „Liebe deinen Nächsten wie dich selbst." Wir können das Evangelium nicht glaubwürdig zu den Armen und Unterprivilegierten bringen, während wir – aus ihrer Perspektive – praktisch leben wie die Made im Speck. Orientieren wir uns lieber an Jesus und seinem Dienst an den Armen. Wir haben ja die Gewissheit, dass wir eines Tages an seinem Tisch in aller Fülle speisen werden. Und dann werde ich bestimmt meine alten Lieblings-Yogahose tragen.

Schlussgedanken

Der Levit fragte ... „Wenn ich stehen bleibe, um diesem Mann zu helfen, was wird mir dann geschehen?"
Der barmherzige Samariter (antwortete): „Wenn ich nicht stehen bleibe, um diesem Mann zu helfen, was wird ihm dann geschehen?"

Martin Luther King jr.

Seit dem Beginn meines Experiments mit einem einfacheren und bewussteren Leben und den Tagen der überfüllten Kleiderschränke habe ich einen weiten Weg zurückgelegt. Habe ich immer noch mehr, als ich brauche?

Ja. Versuche ich, darauf zu achten, was ich kaufe? Auch ja. Es geht hier nicht um Perfektion. Es geht darum, Fortschritte zu machen.

Und ich muss zugeben, dass es seine ganz eigene Schönheit hat, weniger Dinge zu besitzen. Und nicht nur, weil es meinen Geldbeutel schont. Sondern auch, weil es mir die Auswahl eines Outfits erleichtert, wenn ich bloß ein paar bewährte Stücke habe, die ich liebe, und mich nicht durch Regale voller Klamotten wühlen muss, die ich kaum trage.

Im Hinblick auf Konsumbegrenzung und den Einkauf in Secondhandläden habe ich am meisten von meiner Tochter Sydney gelernt. Sie studiert mittlerweile im zweiten Semester, und sie und ihre Freunde sind mir hier echte Vorbilder. Sie kaufen fast ausschließlich secondhand, und wenn sie etwas Neues kaufen, achten sie sehr darauf, wie und wo dies produziert wurde. Sie verfolgen den gesamten Weg eines Produkts bis zum Beginn der Lieferkette zurück und sind sehr umsichtig, wenn es darum geht, wofür sie ihr Geld ausgeben.

Sydney hat mich auch darauf aufmerksam gemacht, dass sich mir im Internet erstaunliche Möglichkeiten bieten, gebrauchte Waren zu kaufen. Über Kleidertauschbörsen kann man zu einem günstigen Preis wenig getragene Kleidung bekommen und trägt auch dazu bei, Ressourcenverschwendung durch Überproduktion, aufwändige Verpackung und teuren Versand zu begrenzen.

Am Ende bekommen wir auch auf diese Weise fast neue Sachen, die uns gefallen, die wir ausgesucht haben, ohne noch mehr Geld in das bodenlose Fass „Kleidung, Schuhe, Accessoires" zu stecken. Das ist ein wirklich guter Weg, um aus dem System auszusteigen, ohne damit auch den modischen Stil zu opfern, und gleichzeitig die Garderobe aufzufrischen.

Willst du einen weiteren Profi-Tipp? Spiel mal Dress-up! Wenn du feststellen willst, was du wirklich besitzt: Nimm dir deinen Kleiderschrank vor, und spiele ein wenig mit dem herum, was du da findest. Experimentiere. Stell dir zehn oder fünfzehn schicke Outfits samt Schuhen und Accessoires zusammen, in denen du dir echt gut gefällst. Du kannst auch davon Fotos machen und dir einen Ordner anlegen. Wenn du es eilig hast, hast du so rasch ein Outfit zur Hand, das du dir bereits „genehmigt" hast. Wenn du das über einen gewissen Zeitraum hin immer wieder einmal machst, wirst du vielleicht feststellen, dass du tatsächlich mit weniger Kleidungsstücken auskommen kannst. Und mit weniger Stress.

Die nächste Generation macht das schon richtig gut. Es heißt ja oft, die Millennials seien bequem und anspruchsvoll, aber ich mache da eine andere Erfahrung: Sie sind clevere Konsumenten und viel bewusster in ihrem Konsumverhalten, als ich es in ihrem Alter war. Sie sind verantwortungsbewusste Wähler, die mit ihrem Geld abstimmen. Ich habe große Hoffnungen für die nächste Generation.

Ein guter Samariter zu sein und unseren Mitmenschen in Not zu helfen, bedeutet für mich auch, gut mit dem umzugehen, was wir haben. Und mir geht es darum, mit dem, was wir haben, das Beste zu tun, was wir können.

Nimm dir also eine Woche, einen Monat oder ein paar Tage Zeit, um dich in dieses Thema zu vertiefen und eine Bestandsaufnahme zu machen, welche Kleidung du besitzt. Marie Kondo rät: Nimm jedes Kleidungsstück in die Hand und frag dich: *Macht es mich glücklich?* Wir können auch noch einen Schritt weiter gehen. Frag dich bei jedem Gegenstand, den du besitzt: *Hilft mir dieser Gegenstand, mein Leben in irgendeiner Hinsicht einfacher und bewusster zu führen?*

Über das kleine Schwarze mit den Pailletten freue ich mich vielleicht scheckig, aber mein Kopf weiß genau: Da werde ich nie mehr reinpassen. Macht es mein Leben leichter, wenn ich es jedes Jahr aufs Neue bewundernd anstarre, wenn ich meinen Kleiderschrank ausmiste? Wohl kaum. Also: Zeit, loszulassen.

Ein guter Samariter zu sein und unseren Mitmenschen in Not zu helfen, bedeutet auch, gut mit dem umzugehen, was wir haben.

3

KRIMSKRAMS

Sammelt keine Reichtümer hier auf der Erde an,
wo Motten oder Rost sie zerfressen oder Diebe
einbrechen und sie stehlen können. Sammelt eure
Reichtümer im Himmel, wo sie weder von Motten noch
von Rost zerfressen werden und vor Dieben sicher sind.
Denn wo dein Reichtum ist, da ist auch dein Herz.

MATTHÄUS 6,19–21

Mehr als genug

Ungefähr dreimal im Jahr überkommt es mich wieder: das Bedürfnis auszumisten. Ich fege wie ein Wirbelsturm durch das Haus und schreie unsere Sachen an: „Was ist das alles? Wie ist das hierhergekommen? Warum haben wir so viel Krempel? Wie soll ich mit dem Kram anfangen? Wo kommt das ganze Zeug überhaupt her?" Und dann erinnere ich mich: *Das habe alles ich gekauft.*

Ups.

Nun, es ist wahr, dass ein Teil dieser Dinge einfach für eine siebenköpfige Familie unvermeidlich ist – schließlich können wir in Austin, Texas, nicht mit Feigenblättern und Flipflops herumlaufen. Aber wir brauchen auch nicht so viel, dass alle Schränke, Schubladen und Regale überquellen. Ein übersichtlicher, aufgeräumter Schrank hat durchaus etwas für sich. Ein luftig befülltes Regal ebenfalls. Genauso wie ein Kinderzimmer, in dem nicht fünfzehn Socken, drei Tassen, ein kaputtes Spielzeug und eine Baseballmütze unter dem Bett liegen.

Allerdings geht es nicht darum, die Sachen bloß aus dem Blickfeld verschwinden zu lassen. Aus den Augen, aus dem Sinn. Ich meine, rein technisch gesehen kann man es natürlich so machen. Aber es gibt einen besseren Weg.

Der erste Schritt besteht darin zu erkennen, wie es zum jetzigen Istzustand gekommen ist. Es geht um die Einsicht: Ich habe das alles gekauft. (Es sei denn, Brandon hat es gekauft. In diesem Fall muss er sich selbst verteidigen.)

Der zweite Schritt besteht darin zu erkennen, warum: weil ich es wollte. Oder die Kinder es wollten. Oder weil es im Angebot war. Oder ... such dir einen Grund aus.

Ich musste zugeben, dass ich eine schizophrene Konsumentin bin. Als ich vor zehn Jahren das erste Mal gründlich ausgemistet habe, habe ich 202 Teile aus meinem Kleiderschrank weggegeben. Au weia! Im Hinblick auf den Rest des Hauses setzte sich dieser Trend fort. Ich besaß ein paar echt coole Sachen, aber es war wirklich mehr, als ich brauchte. Zum Beispiel hatte ich etwa hundert Bücher über den christlichen Glauben. Ich besaß weitere sechzig über Frauenthemen. Nicht mitgezählt meine Belletristik, Memoiren, Essays, Bücher zu globalen Themen, Kochbücher, Biografien und Nachschlagewerke. Oh, okay, und Kommentare, Krimis, Gedichte, Anthologien, Erziehungsratgeber und Autobiografien. Und Geschichtsbücher. Und Landkarten und Atlanten. Und Hörbücher.

Ich besaß auch viele Filme. Etwa vier Schubladen voll mit VHS-Kassetten. Einen Videoplayer hatte ich allerdings nicht.

Und ich besaß ungefähr dreihundert Millionen Kuscheldecken. Einfach nur so ...

Ich kann ehrlich sagen: Bis ich alles, was ich besaß, tatsächlich unter die Lupe genommen und gezählt hatte, war ich völlig ahnungslos gewesen – nicht nur im Hinblick darauf, wie viel Geld wir ausgaben, um ein Haus voller Dinge zu haben, sondern auch, dass wir so viele Dinge hatten, die wir schon längst an Menschen hätten weitergeben können, die sie wirklich brauchten.

Weißt du, was wir gemacht haben? Wir haben uns mit einigen Freunden getroffen, die genau wie wir mit wenigere Ballast leben wollten. Zusammen haben wir tonnenweise Sachen entsorgt – Betten, Bettwäsche, Mikrowellen, Sofas, Fernseher, Tische und Stühle, Geschirr, Bilder und Kleidung. Wir waren sogar in der Lage, eine Wohnung für eine burmesische Flüchtlingsfamilie komplett einzurichten, die nur die Kleidung hatte, die sie am Leib trug, als sie in Texas landete. Diese Familie musste noch viele Hindernisse überwinden – finanzielle Unabhängigkeit erreichen, die Sprache lernen, Bildung nachholen, Eigenverantwortung, Gemeinschaft – eine überwältigende Umstellung in einem fremden Land. Aber in ihrer ersten Nacht in Texas schliefen sie auf ihren eigenen Laken in ihren eigenen Betten in ihrer eigenen Wohnung.

Weil wir mehr als genug hatten, konnte Gott für diese von ihm geliebten Menschen, die viel zu viel Gewalt und Angst erlebt hatten, einen Neuanfang arrangieren. Weil viele sich engagierten, erlebten sie Sicherheit und Liebe und fühlte sich in Texas willkommen.

Lieblingsideen

Okay, bevor sich dir jetzt die Haare sträuben, will ich dich erst einmal beruhigen: Ich werde dich nicht zwingen, irgendetwas loszuwerden. Du musst nicht mit dem ganz großen Aussortieren beginnen. Du musst deine Lieblingsstücke nicht in den nächsten Secondhandladen bringen. Du musst nicht all deine Bücher, DVDs, Decken und Sammelfiguren wegwerfen. Wirklich nicht.

Also entspann dich.

Alles, worum ich dich bitte, ist Folgendes: Mach dir umfassend und ohne Selbstvorwürfe bewusst, was du alles besitzt. Und das war's schon. Sobald du dir erst einmal darüber im Klaren bist, was du besitzt, kannst du viel besser entscheiden, was du davon noch brauchst oder nicht, wie du vielleicht mit weniger auskommen kannst und wie du für das, was du nicht mehr brauchst, ein neues Zuhause finden kannst.

Das sind kleine Schritte, aber sie werden deinem Geldbeutel sicher guttun und gleichzeitig deinen ökologischen Fußabdruck verringern. Ökologischer Fußabdruck – schon mal gehört? Aber du weißt nicht ganz genau, was gemeint ist? Laut Nature.org ist „ein CO_2-Fußabdruck die Gesamtmenge der Treibhausgase (einschließlich Kohlendioxid und Methan), die durch unsere Handlungen erzeugt werden".[1] Das beinhaltet all die Dinge, die wir kaufen, die wir essen, die wir anziehen, und sogar das, was wir uns zur Unterhaltung ansehen.

Die USA sind der zweitgrößte Klimasünder nach China. Bei den Emissionen pro Kopf stehen die USA jedoch an erster Stelle, mit etwa 17 Tonnen CO_2-Ausstoß je Amerikaner pro Jahr. Im internationalen Vergleich lag Deutschland 2018 auf Platz 6 der größten CO_2-Emittenten; der Pro-Kopf-Ausstoß liegt bei etwa 11,6 Tonnen CO_2.[2] In Europa belegt das Land sogar den unrühmlichen Spitzenplatz. „Dass die Einwohner der westlichen Industriestaaten mit ihrer Wirtschafts- und Lebensweise die Hauptursache für den Klimawandel sind, ist unumstritten."[3] Das kann nicht wirklich überraschen. Aber es bedeutet auch, dass wir einen sehr zwingenden Grund haben, unseren Beitrag zu leisten, um unser Leben insgesamt zu vereinfachen, damit wir gesünder leben und dazu beitragen, auch unsere Welt gesünder zu machen.

Diejenigen unter euch, die einen simplen, gemächlichen und eher indirekten Ansatz zur Vereinfachung eures Lebens bevorzugen, können damit beginnen, dass sie zunächst einmal durch alle Zimmer gehen und sich im Geiste Notizen machen. Ich bin mir recht sicher: Wenn ihr erst einmal seht, was ihr habt, bekommt ihr bestimmt ein paar Ideen, worauf ihr wahrscheinlich verzichten könnt.

Für alle Abenteurer unter euch: Wenn ihr in der richtigen Stimmung seid, um in Schränken, im Keller oder auf dem Dachboden zu stöbern, dann lasst diese Woche keine Kiste und keinen Behälter ungeöffnet. Inspiziert jedes Regal. (Und falls eure Kinder euch in die finsteren Nischen eurer Behausung begleiten, vergesst sie dort nicht. In ein paar Stunden werden sie hungrig sein.)

Wo fangen wir also an?

Nun, über Essen und Kleidung haben wir bereits gesprochen. Das lassen wir also hier außer Acht. Heute konzentrieren wir uns auf den Großteil dessen, was wir besitzen – auch bekannt als Krempel, Sachen, Zeug oder Krimskrams.

Hier sind einige Tipps, wie du diesen Krimskrams unter Kontrolle bekommst:

- **VERKAUFE GEBRAUCHTES AN ANTIQUARIATE UND SECONDHANDLÄDEN.** Für Unterhaltungsartikel gibt es Fachgeschäfte, die Bücher, CDs, DVDs und Blu-rays etc. gegen Bargeld ankaufen! Recherchiere in deiner Umgebung, ob vielleicht örtliche Geschäfte gebrauchte Bücher, Musik und andere Medien aufkaufen. Wenn du dort nicht fündig wirst, versuch es bei der örtlichen Bibliothek oder bei Gemeindezentren, um zu sehen, ob es dort einen Bedarf für diese Gegenstände gibt. Und natürlich gibt es auch im Internet diverse Websites, auf denen du solche Artikel loswerden kannst.[4]

Das Gleiche gilt für Möbel. An vielen Orten gibt es Gebrauchtmöbelläden – für gute Stücke auch Antikhandlungen –, die die Dinge auch bei dir zu Hause abholen. Biete deine Esstischgarnitur, die antike Uhr, vor der dein Hund wegläuft, wenn sie schlägt, oder dein altes Geschirr von 1962 dort an. Mit ein wenig Glück kannst du vielleicht noch etwas Geld dafür bekommen.

- **WO GEHÖRT ES HIN?** Dieser einfache organisatorische Tipp spart dir Zeit und Energie, weil du nicht länger auf der Suche nach bestimmten Dingen durch das ganze Haus rennen musst. Verstaue einfach alle ähnlichen Gegenstände an einem Ort. Du hast jede Menge Sportgeräte oder Hobbyzubehör? Lagere sie alle zusammen in einem Schrank, in der Garage oder in einem bestimmten Arbeitsbereich. Hast du einen Eimer voller Stifte im ganzen Haus verteilt? Leg sie dahin, wo du sie wirklich brauchst – in eine einzige Büro-Schublade, vielleicht mit ein paar Ausnahmen für den Stiftehalter in der Küche. Dasselbe gilt für Scheren. Ich besitze vier Küchenscheren, und dafür gibt es bloß einen Grund: Ich konnte sie nie finden und habe deshalb immer wieder neue gekauft.

- **VERANSTALTE EINE GRUPPEN-TAUCHBÖRSE.** Du hast jede Menge Dinge, die Freunde und Nachbarn vielleicht gut gebrauchen könnten? Statt sie auf dem Flohmarkt anzubieten, kannst du auch eine Tauschbörse mit Freundinnen und Freunden organisieren. Jeder bringt mit, was er oder sie nicht mehr benötigt, und tauscht es gegen etwas anderes ein. Die Regeln sind einfach: Nimm das mit, was du wirklich brauchst, und spende den Rest einer Wohltätigkeitsorganisation. So gibst du kein Geld aus und bringst hoffentlich weniger Dinge nach Hause, als du mitgenommen hast. Außerdem ist das ein schöner Anlass, Nachbarn und Freunde zu treffen. Wer weiß, vielleicht entdeckst du ja, dass jemand in der Nachbarschaft noch andere Dinge braucht (Lebensmittel, finanzielle Unterstützung, Fahrgelegenheiten), bei denen du helfen kannst.

- **HEB ES AUF, ABER VERGISS ES NICHT.** Es gibt Dinge, die wir nicht wirklich brauchen, aber wir können uns aus sentimentalen Gründen nicht von ihnen trennen. Das erste Kleidungsstück deines Babys. Das Ticket vom ersten Date mit deinem Partner. Bilder vom Schulabschluss.
  Keine Angst! Du musst diese wunderbaren Erinnerungsstücke nicht wegwerfen. Heb sie auf. Du könntest dir eine Art Schatzkiste anschaffen (möglichst eine, in der Dinge nicht verstauben), in die du all die Sachen hineinlegst, mit denen du schöne Erinnerungen

JENS TIPPS UND TRICKS FÜR EIN LEICHTERES LEBEN

Es gibt so gut wie nichts, das nicht besser werden, sich verändern, ganz neu lebendig werden könnte. Ich rechtfertige den alten Trott immer damit, dass es einfach zu schwer ist, das ganze Leben umzukrempeln. Aber in Wahrheit braucht es meist nur ein paar Anstöße, ein paar kleine Änderungen, ein oder zwei Drehungen an einem rostigen Rad, und schon ist die Sache in Gang gesetzt.

verbindest. Nimm dir dann hin und wieder Zeit, sie durchzusehen und über die „guten alten Zeiten" nachzudenken. Überlege dir auch, wo deine Schatzkiste am besten stehen sollte. Heiße Dachböden sind schlecht für Fotosammlungen; besser ist da ein kühl stehender Schrank. Noch besser: Digitalisiere deine Familienfotos. So kann jeder sie elektronisch genießen.

Anregungen für mehr Freiraum

Als ich vor Jahren mit dem Experiment „Einfacher leben" begann, wohnte ich in einem Haus mit 230 Quadratmetern, vier Schlafzimmern, zwei Wohnzimmern, zweieinhalb Bädern, 26 Schränken, drei Bücherregalen und zehn Kommoden. Und alle waren vollgepackt. So gern ich Amazon und Zalando die Schuld dafür geben würde, dass all dieses Zeug in meinem Haus gelandet war – ich muss zugeben: Ich bin diejenige, die diese Waren gekauft hat. Also kann ich niemand anderen dafür verantwortlich machen.

Was ich jedoch tun kann, ist, meine Augen für die Realität unserer durch Werbung befeuerten Konsumkultur zu öffnen – für all diese Werbespots, Jingles, Anzeigen, Pop-Ups und mehr. Tausende von Unternehmen buhlen jeden Tag um meine Aufmerksamkeit und um mein Geld, und ich muss leider sagen, dass ich öfter auf ihre Machenschaften hereingefallen bin, als ich zählen kann.

Ich sehe etwas (bei dir, bei anderen, in ihren Wohnungen, im Geschäft, im Fernsehen) und innerhalb einer Millisekunde verspürte ich ein Bedürfnis danach. Dann kaufe ich es. Ich benutze es ein wenig oder gar nicht. Dann packe ich es weg, stelle es in ein Regal, stapele es, stopfe es in eine Kiste oder verliere das Interesse daran. Und eines Tages führe ich Krieg dagegen, indem ich all meine kleinen Besitztümer aus ihren Regalen und Schubladen reiße und auf dem Fußboden verteile.

Ich könnte das Big Marketing dafür verantwortlich machen, mir vermeintliche Bedürfnisse einzureden. Ich könnte mit dem Finger auf die Kultur des „Ich will mithalten" deuten, weil sie mich unter Druck setzt, schönere Dinge oder das neueste Gadget zu haben, mit dem ich sicher Zeit und Geld spare, sobald meine Kreditkarte glüht. Ich könnte die moderne Kindererziehung anklagen, die für Kinder zahllose Sachen anschafft, um sicherzustellen, dass sie nicht irgendwann einmal die „Habenichtse" in einem Meer von Leuten sind, die alles haben. Ich könnte einfach alles mit einem Achselzucken und einer lässigen Handbewegung abtun. *Ach, du kennst mich doch! Ich hatte einen Kaufrausch!*

Aber wenn ich ehrlich bin, ist das ein Konsumkreislauf, der mich krank macht, den ich aber trotzdem am Laufen halte. Früher habe ich mich gern herausgeredet, wenn ich mir bewusst wurde, dass ein solches Verhalten in einer gewissen Spannung zum Evangelium steht: „Ach, es kommt doch nicht darauf an, wie viel du hast, sondern darauf, was du damit machst." Aber diese Entschuldigung lässt sich irgendwie nicht länger aufrechterhalten. Außerdem, seien wir ehrlich: Was bedeutet „Es kommt darauf an, was man damit macht" überhaupt? Tun wir denn wirklich etwas Sinnvolles mit unserem Zeug, außer es zu konsumieren? Ich bin mir nicht sicher, ob es eine hilfreiche Idee ist, alles wegzukarren, wenn es uns langweilt, denn wir ersetzen es doch nur durch andere Sachen.

Aber ich habe eine bessere Idee. Was wäre, wenn wir uns diesem Werbeterror einfach verweigern würden? Wenn wir aufhörten, all diesen Werbespots zu lauschen und zuzusehen, die uns auf subtile Weise zu verstehen geben, dass wir so, wie wir sind, und mit dem, was wir haben, nicht gut genug sind? Was wäre, wenn wir zufrieden wären mit dem, was wir haben und wer wir sind?

Das ist keine wirklich revolutionäre Idee. Aber sie hat das Potenzial, unsere Häuser und Wohnungen, unser Selbstwertgefühl und unser Portemonnaie auf den Kopf zu stellen.

Du weißt noch nicht genau, ob du dir etwas Bestimmtes kaufen sollst? Manchmal brauchen wir die Weisheit unserer Großmütter. Einer der besten Ratschläge, die ich je diesbezüglich gehört habe, kam aus dem Mund einer Großmutter: „Wenn du etwas wirklich willst, lass dir einen Monat Zeit." Am Ende des Monats denkt man wahrscheinlich schon gar nicht mehr daran. Problem gelöst!

Und wenn man nach einem Monat immer noch der Meinung ist, man müsse es haben – nun, dann kann man es ja kaufen.

Schlussgedanken

Als ich ein Kind war, redete und dachte und urteilte ich wie ein Kind. Doch als ich erwachsen wurde, legte ich das Kindliche ab. Jetzt sehen wir die Dinge noch unvollkommen, wie in einem trüben Spiegel, dann aber werden wir alles in völliger Klarheit erkennen. Alles, was ich jetzt weiß, ist unvollständig; dann aber werde ich alles erkennen, so wie Gott mich jetzt schon kennt.

1. Korinther 13,11–12

Ein Kind sagt ständig „ich". Ein Erwachsener sagt – hoffentlich – „wir". Wenn man reifer wird, ist man in der Lage, zwischen einem Bedürfnis und einem Wunsch zu unterscheiden. Und Erwachsenwerden bedeutet, das eigene Verlangen zu zügeln, das „Ich" zugunsten des „Wir" hinter sich zu lassen und zu begreifen, dass persönliche Entscheidungen soziale Konsequenzen und Auswirkungen auf die Gemeinschaft haben.

Wenn wir uns das klarmachen, sollten wir zu Verbrauchern werden, die die aufdringliche Stimme, die immer nur schreit: „Ich will das!", zum Schweigen bringen und stattdessen auf das leise „Wir brauchen" hören, diese oft unterdrückte Stimme unserer Freunde und Familie und Nachbarn und der weltweiten Gemeinschaft, zu der wir gehören.

Ohne unser Zutun stehen wir an der Spitze der

globalen Nahrungskette. Ich weiß nicht, wie oft ich Gott schon gefragt habe, warum ich immer noch so viel habe, während andere mit so wenig auskommen müssen. Warum werden meine Kinder jeden Tag satt – und mehr als das? Warum fließt das Wasser reichlich aus meinen Wasserhähnen? Warum können wir zum Arzt gehen, wenn wir krank sind? Es gibt darauf keine einfache Antwort. Das Warum ist definitiv wichtig – aber ebenso auch das Was.

Was machen wir mit unserem Reichtum? Was machen wir mit unseren Privilegien? Was sollten wir behalten? Was sollten wir teilen? Ich bin mir sicher, dass ich mich mit dieser Ungleichheit beschäftigen sollte, denn Jesus hat klargemacht, dass die Armen seine Brüder und Schwestern sind. Und damit meint er unsere Nächsten bzw. Mitmenschen oder Nachbarn (je nach Bibelübersetzung).

Was wäre, wenn wir das gemeinsam angehen würden? Was wäre, wenn ein Haufen von Christen eine neue Geschichte schreiben und wache und informierte Verbraucher werden würden, die unsere Welt braucht? Ich vermute, wir würden das schwer fassbare Glück entdecken, von dem Jesus spricht und das darin liegt, Schätze im Himmel zu sammeln. Ich wette, unser Besitz würde seine Macht über uns verlieren, und wir würden den Reichtum entdecken, der in einem einfacheren Leben und einer gemeinschaftlichen Verantwortung liegt. Vielleicht liegt das Geheimnis des Glücks direkt vor unserer Nase.

Vielleicht erkennen wir nicht, wenn wir zufrieden sind, weil wahre Zufriedenheit sich in radikaler Großzügigkeit verbirgt – und Großzügigkeit ist in einer Kultur des Konsums ein Fremdwort.

Richard Rohr schreibt in seinem Buch *Simplicity*:

Wir sind gerade dabei, erwachsen zu werden, gerade dabei, das Evangelium wirklich zu uns sprechen zu lassen, auf das zu hören, was Jesus ganz unmissverständlich über die Armut sagt, darüber, dass wir in dieser Welt ein einfaches Leben führen sollen, ein Leben, aus dem Vertrauen zu Gott spricht und nicht das Vertrauen auf unsere eigene Kraft und unsere eigenen Waffen. Gott hat uns in dieser Welt nie Sicherheit versprochen. Gott versprach uns nur Wahrheit und die Freiheit unseres Herzens. Was bedeutet das für uns? Es bedeutet, dass wir auf dem Weg sind.[5]

Gehen wir also weiter auf dem Weg, verantwortungsvolle Erwachsene zu werden.

Menschen, die ein weites Herz haben und zuhören können. Informierte, wache Verbraucher. Menschen, die mitfühlen und teilen. Die dankbar empfangen. Gemeinsam können wir beweisen, dass an dieser Theorie etwas dran ist.

Es gibt so gut wie nichts,
was nicht besser werden, sich verändern,
ganz neu lebendig werden könnte.

4

MEDIENKONSUM UND MODERNE TECHNOLOGIE

Es wurde dir, Mensch, doch schon längst gesagt,
was gut ist und wie Gott möchte, dass du leben sollst.
Er fordert von euch nichts anderes, als dass ihr euch an
das Recht haltet, liebevoll und barmherzig miteinander
umgeht und demütig vor Gott euer Leben führt.

MICHA 6,8

Den Lärm ausblenden

Was schätzt du: Wie viel Technologie gibt es in einem durchschnittlichen deutschen oder europäischen Haushalt? Vermutlich einen Fernseher (oder drei), Computer, Laptop, Smartphones, Tablets, ein Radio, vielleicht sogar einen E-Book-Reader, eine Smartwatch, Bluetooth-Kopfhörer mit Geräuschunterdrückung und Videospielkonsolen. Wir (als siebenköpfige Familie) haben vier Spielsysteme, zwei MacBooks und einen Desktop-Computer, fünf Fernseher, jede Menge Handys (darunter zwei mit dem „i" davor), einen digitalen Videorecorder, zwei DVD-Player und drei Stereoanlagen.

Es gibt Hunderte von Fernsehsendern, eine unendliche Anzahl von Websites zum Stöbern und Musikstreaming-Anbieter, damit wir keine Minute des Lebens ohne unsere Lieblingssongs verbringen müssen. Es gibt sogar Geräte für weißes Rauschen, damit wir etwas hören können, während wir so tun, als hörten wir nichts.

Es ist schon verblüffend: Bis 2005 hatte ich weder

Computer noch E-Mail-Adresse oder Kabelfernsehen. Aber wie die meisten Familien in unserem Umfeld hat auch meine Familie in erschreckend kurzer Zeit eine ausgewachsene Sucht nach all diesen Dingen entwickelt. Ich weiß nicht, wie wir überhaupt leben konnten, bevor das Internet erfunden wurde!

Sicher, all diese elektronischen Spielzeuge sind schön und gut. Aber was haben wir wirklich davon? Wann hast du das letzte Mal einfach in Ruhe auf dem Sofa gesessen und ein Buch gelesen, gebetet, über deine Ziele und Träume nachgedacht oder – Gott bewahre – die Stille genossen und nichts getan? Haben wir wirklich so viel Angst vor unseren eigenen Gedanken oder vor echten Gesprächen mit echten Menschen, dass wir unsere Augen, Ohren und Gehirne mit so viel externem Lärm füllen, dass wir uns in sabbernde, verkabelte Zombies verwandeln?

Ich denke nicht, dass wir die Dinge einfach so akzeptieren müssen, wie sie sind, nur weil die meisten Menschen heute so leben. Vielmehr meine ich, es ist unsere Pflicht, ab und zu aus den Zwängen der Technologie auszubrechen, um uns daran zu erinnern, wie es ist, frei zu sein. Frei von der ständigen Belästigung durch E-Mails und Social-Media-Apps. Frei von den immer neuen und immer gleich banalen Nachrichten und gewalttätigen Sendungen. Frei von Geschrei und Wut und Frustration und Vorhersagen über eine düstere Zukunft, wenn wir uns nicht sofort einer Erfolg versprechenden Sache anschließen.

Wir haben die Macht und den Verstand, jederzeit auf „Pause“ zu drücken, wenn wir es wollen. Und ich sage, lasst uns anfangen, das regelmäßig zu tun. Wir können die ständige Berieselung ausblenden. Wir können den Stecker ziehen und nicht nur gerade eben so überleben. Wir können aufblühen! Wir können wieder Herr oder Herrin über unsere eigene Zeit werden, die Kontrolle über unseren Tagesablauf zurückerobern und dabei vielleicht sogar ein wenig mehr Bodenständigkeit und Einfachheit erlangen.

Lieblingsideen

Ist es wirklich eine so bahnbrechende Neuigkeit, dass uns zu viel Medienkonsum schadet? Denkt irgendjemand allen Ernstes: *Wissen Sie, was meine Kinder brauchen? Mehr Zeit im Internet!* Viel zu oft sehe ich Paare, die schweigend zu Abend essen und dabei ihre Smartphones checken, als könnten E-Mails oder Nachrichten oder eine SMS nicht eine Stunde warten. Da sitzt die Familie zusammen im Restaurant und alle starren auf ihre Displays. Sie könnten doch auch das Essen genießen und – was für eine absurde Vorstellung – miteinander reden und sich wirklich begegnen – im wahren Leben.

Und wenn sie das schon in der Öffentlichkeit tun, dann weiß man, dass jeder sich, sobald sie nach Hause kommen, auf sein eigenes Zimmer verdrücken wird, um sich allein mit dem zu beschäftigen, was auf dem Display angezeigt wird. Oder um echte, persönliche Gespräche innerhalb der Familie zu vermeiden.

Ist das nicht traurig? Wir verpassen so viel, was wir nie wieder zurückbekommen können. Wir stopfen unser Hirn mit einer Million unwichtiger Stimmen voll und vermeiden den Austausch mit Familie und Freunden – ganz zu schweigen davon, dass wir unseren eigenen Gedanken und inneren Impulsen keinen Raum mehr geben. Und all das nur, weil wir das Gefühl haben wollen, dazuzugehören, verbunden zu sein – obwohl wir uns in Wirklichkeit jeden Tag ein wenig mehr aus dieser Verbundenheit entfernen.

Viele Experten haben sich schon zu diesem Thema geäußert. Denn: Dieser ganze Input ist nicht nur nervig, er ist beunruhigend. Ein Artikel in der *New York Times* beschreibt, was es auf Dauer mit unserem Gehirn macht, wenn es auf Computer fixiert ist:

Wissenschaftler sagen, dass die ständige Beschäftigung mit E-Mails, Telefonanrufen und anderen eingehenden Informationen das Denken und Verhalten von Menschen verändern kann. Die Fülle an Informationen untergräbt unsere Fähigkeit, uns zu konzentrieren.

Die Informationsüberflutung zielt auf den primitiven Impuls in uns ab, auf Chancen und Bedrohungen unmittelbar zu reagieren. Die Stimulation provoziert Erregung – eine Dopaminausschüttung –, die, wie die

Forschung sagt, süchtig machen kann. Fehlt dieser Anreiz, fühlen Menschen sich gelangweilt. Die daraus resultierenden Ablenkungen können tödliche Folgen haben, etwa wenn Autofahrer und Lokführer am Handy sind und dadurch Unfälle verursachen. Zudem können diese Mechanismen die Kreativität und das Denkpotenzial von Millionen von Menschen beeinträchtigen und so das Arbeits- und Familienleben stören.[1]

Selbst wenn wir dieses rasante Multitasking beenden oder für längere Zeit auf all die digitale Technologie verzichten, bleibt unser Denken bruchstückhaft. Denn offenbar hat sich unser Gehirn kürzere Aufmerksamkeitsspannen und die Notwendigkeit angewöhnt, immer beschäftigt oder abgelenkt zu sein. Nicht überzeugt? Eine Studie aus dem Jahr 2018 könnte für eine heftige Überraschung gut sein:

2018 stieg die audiovisuelle Mediennutzung der Deutschen (ab 14 Jahren) erstmals auf über 9 Stunden pro Tag. Radio und Fernsehen waren dabei weiterhin mit großem Abstand die meistgenutzten Medien, die Nutzung von Audio- und audiovisuellen Medieninhalten über das Internet legte weiter zu.[2]

Die Statistiken für Amerika sind noch ungünstiger – mehr als 11 Stunden Medienkonsum täglich in den unterschiedlichsten Formaten und auf den unterschiedlichsten

Plattformen. Und sie treffen leider durchaus auf mich zu. Wenn ich mir das bewusst mache, wird mir ganz schwindelig. Den meisten Menschen fällt es zunehmend schwer, sich länger als zwanzig Minuten auf eine Aufgabe zu konzentrieren, ohne sich mit irgendeiner anderen Quelle von Information oder Unterhaltung abzulenken.

Die große Frage ist also: Was können wir dagegen tun? Wie erobern wir unsere Zeit zurück, ohne unsere Jobs zu kündigen, gleichgültig zu werden gegenüber allem, was in der Welt vor sich geht, und die Kommunikation mit Freunden und Familie abzubrechen, wenn die nicht bereit sind, in Zukunft wieder auf Brieftauben zurückzugreifen?

Können wir zu einem besseren Umgang mit Kommunikation und Medienkonsum finden, ohne durchzudrehen?

Ja, natürlich! Gut, dass du fragst. Hier sind einige Vorschläge, wie du deine Zeit zurückerobern, mit deiner Sippe in Verbindung bleiben und die Dauerbeschallung in deinem Hirn abschalten kannst.

- **VERZICHTE EINEN ABEND PRO WOCHE AUF DIE DIGITALEN MEDIEN UND LIES STATTDESSEN EIN BUCH ODER NIMM DIR ZEIT FÜR EIN KREATIVES HOBBY.** (Nein, es gilt nicht, wenn dein Hobby etwas mit elektronischen Medien zu tun hat. Notfalls kannst du deine Lieblingssendung aufzeichnen, wenn es gar nicht anders geht.) Wenn du die erste Woche überstehst, nimm dir vor, das vier Wochen lang durchzuhalten.

- **SCHALTE NACHTS DAS SMARTPHONE AUS.** Ja, das ist schwer. Aber du kannst es schaffen. Wenn dein Gerät ständig blinkt oder piept oder klingelt, bekommst du nicht den Schlaf, den du brauchst. Willst du noch einen Schritt weitergehen? Lass dein Smartphone in der Küche liegen, wenn du schlafen gehst, damit es dich nicht in Versuchung führt.

- **LEGE FESTE ZEITEN FEST, IN DENEN DU DEINE E-MAILS ABRUFST UND SOCIAL-MEDIA-SEITEN BESUCHST.** Aktuelle Studien empfehlen, nicht mehr als dreimal pro Tag Mails abzurufen. Es könnte Disziplin erfordern, nicht alle fünf Minuten eine neue Webseite zu öffnen oder zum Handy zu greifen. Aber du kannst dein Handy auch in einem anderen Zimmer deponieren, dann ist es außer Reichweite. Darüber hinaus gibt es Computer-Apps wie *Digitox*, *StayOff* oder *ActionDash*, die bestimmte Webseiten für einen festgelegten Zeitraum blockieren und dir damit helfen, dich auf deine Arbeit zu konzentrieren und Ablenkungen zu vermeiden.[3]

- **LASS DAS HANDY ZU HAUSE UND GEH SPAZIEREN ODER WALKEN ODER UNTERNIMM SONST ETWAS AN DER FRISCHEN LUFT.** Nein, du wirst keinem Wolf begegnen. Und die Chancen stehen gut, dass auch kein UFO vor dir landet, das du unbedingt mit deiner Handykamera festhalten musst. Es wird schon alles gut gehen.

- **FALLS DU KINDER HAST: FÜHRE EINEN SPIELEABEND PRO WOCHE EIN, AN DEM ALLE ELEKTRONISCHEN GERÄTE FÜR EIN PAAR STUNDEN AUSGESCHALTET WERDEN.** Vielleicht musst du dir anfangs etwas einfallen lassen, um diesen Vorschlag attraktiv zu verpacken. Aber ich vermute, die Kinder werden es schon bald lieben, auf diese Weise Zeit mit dir zu verbringen. Sorg einfach dafür, dass coole Spiele auf dem Programm stehen.

- **HAST DU EINE FAMILIE, MITBEWOHNER ODER NACHBARN? FANG EIN RICHTIGES GESPRÄCH MIT IHNEN AN.** Frag sie, wie ihr Tag war und wie Leben gerade so läuft. Vielleicht erfährst du Neues und Aufregendes, zum Beispiel, wann der nächste Grillabend in der Nachbarschaft stattfindet. Lass keine Gelegenheit aus, mit völlig fremden Menschen leckere Salate zu futtern!

Anregungen für mehr Freiraum

Erinnerst du dich noch an die Zeit, als wir Briefe verschickt und die Zeitung gelesen und Nachrichten auf dem Anrufbeantworter hinterlassen haben? Wir waren nicht ständig erreichbar. Und ehrlich gesagt vermisse ich diese Zeit. Heute kann ich offenbar nicht einmal drei Stunden offline sein, ohne dass mich jemand fragt: „Wo steckst du? Ich habe dir doch vor Ewigkeiten eine Mail

JENS TIPPS UND TRICKS FÜR EIN LEICHTERES LEBEN

Ja, das ist allen Ernstes mein Vorschlag: Wenn du feststellst, dass du auf Facebook, TikTok, Instagram und Co. Personen folgst, durch deren Beiträge du dich schlecht, traurig, wütend oder minderwertig fühlst, dann gibt es dafür eine einfache Lösung: Schalte sie auf stumm, entfreunde dich von ihnen, oder klink dich ganz aus diesen Portalen aus, und beobachte, ob das in deinem Leben etwas verändert.

und drei WhatsApp-Nachrichten geschickt und du hast dich noch nicht gemeldet!" Meine Zeit gehört nicht mehr mir, und wenn ich für ein paar Stunden abschalte, betrachten die Leute das als persönlichen Affront. Ich vermute mal, dir geht es da genauso.

Aber ist das mein Problem oder das der anderen?

Hmm.

Kaum fehlt etwas Gewohntes, treten unsere Gewohnheiten umso deutlicher zutage. Zu bestimmten Zeiten vermisse ich die modernen Medien überhaupt nicht, weil ich arbeite oder Besorgungen mache oder mich mit

Leuten treffe. Aber ich kenne ehrlich gesagt die Abschnitte in meinem Tagesablauf genau, in denen mir Medienkonsum zur Gewohnheit geworden ist – Zeiten und Aufgaben, bei denen mir Facebook, Fernseher und Co. treue Begleiter sind:

- eine Tasse Kaffee am Morgen und die letzte Ausgabe der *Heute Show*,
- meine Zeit mit tausend anderen Dingen verschwenden, bevor ich mit dem Schreiben beginne = Facebook und zwanghaftes Mitsingen irgendeines Soundtracks,
- Wäsche zusammenlegen und meine aktuelle Lieblingssoap,
- mentale Schreibpause begleitet von Kochblogs und *Pleiten, Pech und Pannen*,
- Mittagessen und *Das perfekte Promi-Dinner*,
- wenn die Kinder im Bett sind, zappe ich durch die Kanäle und lege einen Serienmarathon ein.

Als uns erst einmal klar war, wie viel Zeit wir jede Woche mit Medienkonsum verbringen, nahmen Brandon und ich ein paar Änderungen vor (z.B. einen wöchentlichen Spieleabend mit der Familie und weniger Fernsehen vor dem Schlafengehen). Und ich kann nur sagen: Die Zeit, die wir mit der Familie oder einfach in der Stille verbrachten, war fantastisch.

Es ist sogar so etwas wie Frieden in unserem Haus eingekehrt – na ja, so friedlich, wie ein Haus mit fünf

Kindern und all ihren Freunden eben sein kann. Ich *mag* es, einmal keine Hintergrundgeräusche aus Fernsehen oder Internet zu hören. Ich *mag* die Stille während des Tages. Ich *mag* das, was wir stattdessen getan haben:

- zusammen kochen,
- Spaziergänge nach dem Essen,
- mit Freunden auf der Veranda sitzen,
- Sydneys endlose Bastelprojekte,
- Nachbarn zum Abendessen einladen,
- echte Telefonate statt endloser Textnachrichten,
- endlich all die Bücher lesen, die ich besitze, und
- Caleb hat entdeckt, wie viel Freude Angeln macht.

Diese Entdeckungen waren aber nur möglich, weil wir uns aus dem schwarzen Loch der Medien befreit haben. Das alles ist nichts Neues, kein Geheimwissen; es ist nur so, dass wir jetzt Zeit für all diese Dinge haben. Wenn der Fernseher aus ist, fragen wir: „Was wollen wir machen?" Wenn die *Playstation* weggepackt ist, erfinden die Kinder ihre eigenen Spiele. Wenn wir nach dem Abendessen noch eine Stunde Zeit haben, schnappen wir uns Lady und drehen eine Runde durch die Nachbarschaft. Manches davon aus Langeweile, manches aus Verzweiflung, aber trotzdem ... Wir vollziehen ganz bewusst Veränderungen, um mehr Frieden und Einfachheit in unser Leben zu bringen.

Und ich liebe es!

Aber das ist noch nicht alles. Es ist schon ein paarmal vorgekommen, dass ich meine Korrespondenz erledigt hatte, mit der Wäsche fertig war und meine To-do-Liste abgehakt hatte – und dann flüsterte Gott mir zu: „Hallo!"

Meine Gemeinschaft mit Gott leidet nicht etwa deshalb, weil ich keine Freude daran hätte. Sie leidet darunter, dass ich keine Zeit dafür finde. Aber seien wir ehrlich: Ich behaupte zwar, dass ich keine Zeit hätte, aber in Wirklichkeit verbringe ich dann 35 Minuten auf Facebook und eine Stunde mit meinen Lieblingssendungen. Ich habe 15 Minuten, um Radio zu hören, und 45 Minuten für eine verpasste TV-Episode. Wenn ich also sage, ich hätte keine Zeit, ist das eine gigantische Lüge.

Ich habe Zeit. Ich verbringe sie nur mit anderen Dingen.

Ohne den Lärm und das Hintergrundrauschen lerne ich nun, was es bedeutet, „demütig vor Gott euer Leben" zu führen. Es sind die Zeiten der Stille, in denen Gott mich darin schult, mich „an das Recht zu halten" und „liebevoll und barmherzig miteinander umzugehen". Sich der Gegenwart Gottes bewusst zu sein, ist ein mächtiger Katalysator für Mut und Veränderung.

Schlussgedanken

Sorgt euch um nichts, sondern betet um alles. Sagt Gott, was ihr braucht, und dankt ihm. Ihr werdet Gottes Frieden erfahren, der größer ist, als unser menschlicher Verstand es je begreifen kann. Sein Friede wird eure Herzen und Gedanken im Glauben an Jesus Christus bewahren.

Philipper 4,6–7

Der Umgang mit der modernen Technologie ist der Bereich, in dem es für mich am schwierigsten war, mein Leben einfacher zu gestalten und mir mehr Freiräume zu schaffen (und leider schlage ich mich seit meinem ersten Buch zum Thema darin nicht besser, sondern wahrscheinlich noch schlechter). Seit meinem ersten Experiment mit dem einfacheren Leben hat sich das Angebot an neuen Apps, Plattformen, sozialen Medien und Möglichkeiten, für buchstäblich jedes Bedürfnis jederzeit und überall auf mein Smartphone zu schauen, gefühlt vervierfacht. Ich wünschte, ich könnte berichten, dass unsere Veränderungen von Dauer und nachhaltig waren, aber die Wahrheit ist: Dies ist und bleibt für uns die größte Herausforderung. Und für unsere Kinder ebenfalls.

Als ich das erste Buch zu diesem Experiment schrieb, hatte ich nur drei Kinder, und diese gingen in die Grundschule und die Mittelstufe. Jetzt leben Teenager und junge Erwachsene in unserem Haushalt; mein ältester Sohn ist 21. Ihr Medienkonsum und ihre Beschäftigung mit Technologie haben ebenfalls zugenommen. Ich kann deshalb keine einfache Lösung für das Problem bieten. Und in so vielerlei Hinsicht haben Medien und Technologie unser Leben und die Welt ja auch verbessert.

Ich glaube also nicht, dass es darum gehen sollte, die Technologie als solche zu verteufeln und zu empfehlen, einen Bogen darum zu machen. Aber ich glaube, dass es heute wichtiger ist denn je, sich mit diesem Problem zu befassen. Und ich bin überzeugt, dass es möglich ist, den Medien- und Technologiekonsum einzuschränken.

Wir brauchen Entschlossenheit und Kreativität, um herauszufinden, wie wir alle unsere Sinne nutzen können, um die Welt und die Menschen genau dort zu erleben, wo wir sind. Und wie wir die Welt so erleben können, wie es jede Generation von uns getan hat, ohne ständig auf einen Bildschirm zu starren.

Ich weiß, im Großen und Ganzen ist Medienfasten keine Schlagzeile wert. Der Spieleabend bricht keine Besucherrekorde. Und niemand wird mir auf die Schulter klopfen, weil ich endlich ein weiteres Buch beendet habe. Aber ich muss euch sagen, der Verzicht auf die moderne Technologie hat mir einen neuen Blick dafür eröffnet, was wirklich wichtig ist und was nicht. Und dieser neue Blick war bitter nötig.

Ich habe noch einen weiteren Tipp, der für mich funktioniert und der dafür sorgt, dass ich weniger Zeit vor irgendeinem Bildschirm oder Display verbringe: Ich nehme mein Smartphone nie mit ins Schlafzimmer. Nachts lade ich es im Wohnzimmer auf. Es ist weder das Letzte, was ich abends sehe, noch das Erste, was ich morgens zur Hand nehme. Dies ist zugegebenermaßen ein sehr kleiner Sieg, aber es hilft. Es bedeutet, dass ich am Ende und am Anfang eines jeden Tages echte menschliche Kommunikation genieße, indem ich Zeit mit meiner Familie verbringe.

Wir schalten auch die Geräte der Kinder abends zu einer bestimmten Zeit aus. Sie hassen das. Es gab sogar eine richtige Meuterei deswegen. Aber Brandon und ich haben entschieden, dass wir immer noch die Erwachsenen in dieser Familie sind und das Sagen haben. Auch wenn es den Anschein hat, dass auf der ganzen Welt sonst niemand irgendwelche Bedenken hat, wenn es um den unbegrenzten Medien- und Technologiekonsum unserer Kinder geht.

Seit dem ersten Buch haben wir gelernt, was die Zeit vor dem Bildschirm mit dem Gehirn unserer Kinder anstellt, während sie sich entwickeln. Ihr Gehirn ist noch dabei, so viele Verknüpfungen und Netzwerke zu bilden. Es unterscheidet sich von dem voll entwickelten Gehirn eines Erwachsenen. Es gibt noch nicht viele Forschungen dazu, aber wir wissen aus eigener Erfahrung, dass die übermäßige Bildschirmzeit ihren Schlafrhythmus stört sowie ihre Problemlösungsfähigkeiten, ihre sozialen und Kommunikationskompetenzen beeinträchtigt.

Dass diese Generation pausenlos online ist, hat tatsächlich reale Konsequenzen.

Einerseits bemühen wir uns darum, sie darin zu unterstützen, mit ihren Freunden in Kontakt zu bleiben; und diese Generation tut das nun einmal vorwiegend übers Internet oder das Smartphone. Andererseits tun wir alles, um die Beziehungen in der Familie – zu Eltern und Geschwistern – zu stärken. Wir bemühen uns um direkte Begegnungen und Gespräche von Mensch zu Mensch, jenseits von Kurz- oder Sprachnachrichten. Um es noch einmal zu wiederholen: Ich glaube nicht, dass es eine Frage von ständig oder überhaupt nicht ist. Es geht nicht darum, alles zu streichen, aber auch nicht darum, alles ständig zu erlauben.

Ich weiß nicht, ob wir es richtig machen. Ich denke, sie werden wahrscheinlich später einmal jedem erzählen, dass wir schreckliche Eltern waren und alles falsch gemacht haben. Aber wir tun das, was wir für das Richtige halten. Und manchmal können wir auch gar nicht mehr tun.

Als ich eines Abends wieder einmal im Stillen nörgelte, dass ich jetzt doch lieber eine meiner Lieblingssoaps gucken würde, statt zu lesen und Tagebuch zu schreiben, unterbrach ein Teil meines Gehirns diese Mitleidsorgie: *Was verpasst du wirklich? Eine blöde Fernsehsendung? Webseiten, die dich doch nur ködern und bloß deine Zeit verschwenden? Die Facebook-Nachricht, dass einer von deinen tausend „Freunden“ Urlaub in der Südsee macht?*

Diese Informationen bereichern mein Leben nicht im Geringsten. Im Gegenteil: Sie rauben mir Energie, die ich lieber meiner Familie schenken sollte, denn sie ersetzen persönliche Begegnungen durch kalte Bildschirme. Bei diesem Tausch verlieren wir alle. Und mir ist es ganz wichtig, dass wir nicht wieder zu einer Familie werden, die rund um die Uhr online ist, so wie früher.

Das Gefährliche an unseren sozialen Medien und unserer technologisch übersättigten Welt ist nicht, dass es diese Dinge gibt, sondern dass sie uns ablenken. Wir haben durch den Verzicht entdeckt, wie wertvoll die Qualitätszeit mit der Familie ist, haben uns mehr auf Gespräche konzentriert, kreative Ideen entwickelt, wie wir unsere Abende und Wochenenden gestalten – alles erfrischende Ergänzungen in unserem normalen Monatsablauf. Zwar hat der Hatmaker-Clan nach dem Experiment mit dem Medienfasten diese Welt wieder betreten (mit einem sehr reduzierten Zeitkonto für Fernsehen, Internet und Gaming), aber wir betrachten das alles jetzt aus einer ganz neuen Perspektive.

Ich möchte nicht länger süchtig sein, und ich möchte ganz sicher nicht, dass meine Kinder Sklaven dieser Zwänge werden. Also werde ich vorerst weiter reduzieren und für ausreichend Freiräume sorgen, werde kämpfen und mich engagieren, bis ich weiß, was ich sonst tun soll. Was ich jetzt schon weiß, ist: Weniger ist mehr. Ich muss nicht länger das Meiste haben, die Beste sein, an der Spitze stehen. Es ist in Ordnung, ein Leben zu führen, das nicht im Rampenlicht abläuft, das aber durch Minimalismus geprägt ist. Es spielt doch keine Rolle, was ich besitze, was ich im Fernsehen sehe oder wie ich wahrgenommen werde.

Ich fange gerade erst an zu begreifen, wie befreiend das ist. Ich muss nichts mehr verteidigen oder schützen. Es spielt keine Rolle, ob ich recht habe oder angesehen bin oder eine gute Position habe. Ich frage mich, ob das die Freiheit ist, die Jesus meint, wenn er sagt: „Glücklich sind die, die erkennen, dass sie Gott brauchen, denn ihnen wird das Himmelreich geschenkt" (Matthäus 5,3). Damit das Reich Gottes kommen kann, muss mein Reich des Lärmens und der Ablenkung untergehen. Und zum ersten Mal habe ich den Eindruck, dass das für mich in Ordnung ist.

Es sind die Zeiten der Stille,
in denen Gott mich darin schult,
mich „an das Recht zu halten“ und
„liebevoll und barmherzig
miteinander umzugehen“.

5

ENTSORGEN

Die Erde und alles, was darauf ist, gehört dem Herrn.
Die Welt und die Menschen sind sein.
Denn er hat die Fundamente der Erde
in den Meeren verankert
und sie auf den Tiefen der Ozeane erbaut.

PSALM 24,1–2

Das große Verschwinden

Ich weiß nicht, ob du bereits ein „großer Recycler“ bist. Wenn ja, dann weißt du, dass man sich nach einer Aufräum- und Müll-wegbring-Orgie manchmal vielleicht ein bisschen verrückt vorkommt. Und in den Augen der anderen vielleicht auch durchgeknallt wirkt, wenn man sich bemüht, der beste Recycler zu sein, den diese Erde je gesehen hat, weil man unsere wunderbare Welt bewahren will – all das kann einen Menschen dazu bringen, gelegentlich aus der Rolle fallen.

Zumindest geht es mir so. Ich bin nämlich neulich am Tag der Müllabfuhr am Haus von Nachbarn vorbeigefahren, die ich gar nicht näher kenne. Aber ich bemerkte, dass ein riesiger Windelkarton aus ihrer Restmülltonne ragte, weil er weder richtig zusammengelegt noch in kleinere Stücke gerissen worden war, ganz zu schweigen davon, dass er sich in der falschen Tonne befand. Also hielt ich an. Fuhr ein Stück zurück. Ich zog den Karton aus dem Mülleimer, machte ihn platt und klein und steckte ihn in unsere Recyclingtonne. Denn die Nachbarn hatten diesen Karton eindeutig nicht verdient. Das ist vielleicht das Schrägste, was ich jemals getan habe. Zumindest, wenn es sich um anderer Leute Müll handelte.

Lange Rede, kurzer Sinn: Alles, was wir essen, alles, was wir tragen, alles, was wir kaufen – all diese Dinge *verschwinden eigentlich nie.* Was wir essen, wird zu der Energie, die unseren Körper antreibt. Wenn unsere Kleidung uns nicht mehr passt, können wir sie spenden oder verkaufen, sie auf irgendeine Weise recyceln oder in den Müll werfen. All die Verpackungen, die wir vom Einkaufen mit nach Hause bringen, sollten recycelt oder zumindest in den Müll geworfen werden. Aber nur weil all diese Dinge aus unserem Blickfeld und unserem Bewusstsein verschwinden, sind sie noch nicht tatsächlich weg. Außer unsere Nahrung. Die irgendwie schon. In diesem Fall würde ich sagen, das ist eher ein Transformationsprozess.

Wie auch immer, ich glaube, es liegt in unserer Verantwortung, gewissenhaft damit umzugehen. Und das bedeutet, zu recyceln, wenn es möglich ist, und zu kompostieren, wenn das eine Option ist. Es bedeutet, dass wir mit einem wachen Gewissen einkaufen gehen. Es bedeutet, alle Lebensmittel, die wir kaufen, auch zu essen, oder weniger zu kaufen, sodass wir die Lebensmittel verzehren können, bevor unser Gemüse sich in ein schleimiges Etwas verwandelt. Es bedeutet auch, dass wir erkennen müssen, dass die Dinge sich nicht einfach in Luft auflösen, wenn sie nicht mehr in unserem Besitz sind. Sie landen auf der Mülldeponie oder im Recycling-Center. Es erfordert Arbeitskraft und Geld, um sie zu entsorgen. In manchen Fällen können wir das Material wiederverwenden – in Form von Energie oder recycelten Waren. Aber in anderen Fällen passiert das nicht. Der Müll wird vergraben oder verbrannt und gibt alle möglichen Substanzen in Boden, Wasser und Luft ab. *Düstere Musik ertönt. Großaufnahme: Eine Plastikflasche treibt einen Fluss hinab und ein Otter vergießt eine Träne.*

Nein, das ist kein Intro für einen Sarah-McLachlan-Werbespot. Was ich sagen will: Ich glaube, es ist wichtig, die Systeme zu verstehen, durch die wir unseren Abfall und überflüssige Güter loswerden. Nur so können wir im Hinblick auf unseren Müll und die Dinge, die wir nicht länger brauchen, kluge Entscheidungen treffen.

Das war's.

Du kannst jetzt wieder zu deinem üblichen Tagesprogramm zurückkehren. Und nimm vielleicht bei deinem nächsten Ausflug eine wiederverwertbare Wasserflasche mit.

Lieblingsideen

Egal, ob du in der Großstadt, im Einzugsbereich oder auf dem Land lebst – niemand wird leugnen, dass all diese Orte tausendmal glücklicher und gesünder aussehen (und glücklichere und gesündere Menschen hervorbringen), wenn reichlich Natur vorhanden ist. Du besitzt einen Wolkenkratzer? Lege Dachgärten an. Du lebst in einer Mietwohnung? Sukkulenten sind schön und machen jeden Raum freundlicher und auf der Fensterbank ist bestimmt Platz für frische Kräuter. Du hast einen Garten? Bau Gemüse an und pflanze Blumen. Du besitzt einen kleinen Bauernhof oder ein großes Grundstück? Mach dir regelmäßig die Hände schmutzig und lauf so oft wie möglich barfuß durchs Gras. (Aber pass auf die Kuhfladen auf!) Ich bin nicht wirklich sicher, ob die Erde uns braucht, um zu überleben. *Aber wir brauchen die Erde!*

Ein Teil des Charmes von Austin/Texas besteht darin, dass diese Stadt von Grünflächen regelrecht besessen ist, ähm, ich meine, dass sie ein ausgeprägtes Bewusstsein dafür hat. Es ist den Bewohnern und Unternehmen gesetzlich verboten, mehr als 20 Prozent ihres Landes zu bebauen. So will man Bäume, Vegetation und die Tierwelt schützen. In Austin gibt es also unglaublich viele Recycler, Renovierer und Wiederverwerter.

Und dann gibt es da auch noch mich.

Als wir nach Austin zogen, verbrachte ich anfangs viel zu viel Zeit damit, darüber nachzugrübeln, wie schwierig es mir fallen würde, unsere Abfälle zu recyceln. Ich schimpfte, weil ich keine Zeit hatte, mich mit Recycling- und Regenwassertonnen abzumühen, an wiederverwendbare Einkaufstüten zu denken und nicht zu vergessen, regelmäßig die Bäume zu umarmen. Ich dachte, es geht hier ja schließlich nur um die Erde. Wenn wir sie aufbrauchen und bis zur Unkenntlichkeit verwüsten, wird sie sich ja wohl regenerieren, oder?

Ganz, ganz falsch.

Hat „Schöpfung" nicht etwas mit Gott zu tun, dem Gott, den ich „Schöpfer" nenne?

Bestimmt macht Gott sich doch keine Gedanken darüber, wie wir mit der Schöpfung umgehen, die er uns anvertraut hat. Sein Hauptanliegen ist es schließlich, dass die, die ihm folgen, glücklich und zufrieden sind, oder? Und wenn wir das, was von der Schöpfung noch übrig geblieben ist, auch noch verbrauchen, damit wir glücklich sein können, dann macht das Gott nichts aus, da bin sicher.

Überhaupt möchte ich wetten, dass mit „Schöpfung" hauptsächlich wir Menschen gemeint sind. Boden und Flüsse, Tiere und Wälder und Ozeane, Wildblumen und Luft und Vegetation und natürliche Ressourcen und Seen und Berge und Ströme – das alles ist sekundär, wenn nicht sogar irrelevant.

Diese Argumentation ging mir etwa fünf Minuten durch den Kopf, bis ich merkte, wie absurd sie ist. *Ja, natürlich sollen wir uns um die Schöpfung kümmern!*

Der amerikanische Essayist und Umweltaktivist Wendell Berry hat recht, wenn er schreibt:

An dem, was die Bibel zur Ökologie sagt, kommen wir nicht vorbei: Gott hat die Welt gemacht, weil er wollte, dass sie gemacht wird. Er findet die Welt gut und er liebt sie. Es ist seine Welt; er hat den Anspruch auf sie nie aufgegeben. Und er hat niemals die Bedingungen widerrufen, die an sein Geschenk – dass wir sie nutzen dürfen – geknüpft sind: die Verpflichtung, bestmöglich für diese Welt Sorge zu tragen. Wenn Gott die Welt liebt, wie könnte dann jemand, der an Gott glaubt, entschuldigt werden, wenn er die Welt nicht liebt, oder gerechtfertigt, wenn er sie zerstört?[1]

Das hat etwas für sich.

Hier sind einige Vorschläge für ein grüneres und einfacheres Leben. Die meisten dieser Vorschläge erfordern anfangs einiges an Arbeit, Planung oder Investitionen, will man die notwendigen Dinge beschaffen. Aber die langfristigen Vorteile überwiegen die anfängliche Investition bei Weitem.

- **KOMPOSTIERE LEBENSMITTELABFÄLLE.** Falls du einen eigenen Garten besitzt, könntest du dir einen Kompostbehälter bauen oder kaufen. Es gibt auch spezielle kleinere Komposttonnen, die Küchenabfälle innerhalb weniger Tage in Erde verwandeln. Das ist dir nicht möglich? Du hast keinen Garten? Vielleicht wäre ja ein Nachbar oder die nächste Kleingartenanlage bereit, deine Bioabfälle anzunehmen und weiterzuverwenden. Ganz zu schweigen von den brauen Mülltonnen, die jedem Haus bzw. Haushalt zur Verfügung gestellt und einmal im Monat abgeholt werden! Extratipp: Viele Gemeinden bieten den Anwohnern kostenlose Komposterde aus den Kompostierungsanlagen an. Frag einfach mal bei deiner Gemeinde nach! Auf diese Weise geht der Kreislauf weiter!

- **SPARE WASSER.** Der simpelste Tipp besteht darin, das Wasser abzudrehen, wenn wir es nicht benutzen – etwa, wenn du dir die Haare einseifst oder auch bei langen Zahnputz-Eskapaden. Wie wäre es mit einer etwas weniger heißen Dusche? Kaltes Wasser ist gut für das Immunsystem und macht dich sofort wach!

- **RECYELN, RECYELN, RECYELN.** Alle Kommunen haben ein gutes Recyclingsystem. Durch die Mülltonnen, die jedem Haushalt zur Verfügung gestellt werden, kannst du ja schon Kunststoff, Papier, Rest- und Biomüll trennen. In jedem Wohngebiet gibt es darüber hinaus Container für Altglas für leere Getränkeflaschen, Marmeladengläser, Parfümfläschchen und anderes. Batterien können in Baumärkten und oft auch im nächsten Supermarkt oder einer Drogerie entsorgt werden. Für Chemikalien und Sondermüll gibt es Abgabestellen oder jährliche Abfuhrtermine. In vielen Gegenden gibt es auch Organisationen und

Unternehmen, bei denen du defekte Elektroartikel abgeben kannst. Wenn du Verpackungsmüll weitgehend vermeiden möchtest, finde heraus, wo sich der nächste Laden verbindet, in dem unverpackte Artikel angeboten werden. Dort kannst du Lebensmittel in mitgebrachte Behälter abfüllen lassen. Und wenn du etwas loswerden willst, das noch funktioniert oder „gut in Schuss ist": Dafür gibt es Secondhandläden und soziale Kaufhäuser. Dort werden gebrauchsfähige Hausratgegenstände und Möbel meist kostenfrei angenommen. Anschließend werden sie auf Gebrauchsfähigkeit geprüft, gereinigt und über das Geschäft zu einem geringen Preis wieder abgegeben. Wenn du dich inspirieren lassen willst, wie sich Verpackungsmüll sonst noch vermeiden lässt, schau einfach auf YouTube unter „Zero Waste" nach.

- **NUTZE FAHRRAD UND ÖPNV – ODER SCHAFFE ZUMINDEST DEN ZWEITWAGEN AB.** Wenn deine Familie mehr als ein Auto besitzt, könntet ihr versuchen, Fahrten und Besorgungen möglichst zu kombinieren. Bei schönem Wetter könnt ihr das Fahrrad nehmen oder zu Fuß gehen – das bringt nicht nur frische Luft in die Lungen, sondern auch Bewegung. Und wer öffentliche Verkehrsmittel benutzt, spart sich die oft zeitaufwendige Parkplatzsuche. Allerdings kann ich natürlich verstehen, dass das auf dem Land nicht immer so einfach ist ...

- **VERGISS EINKAUFSKORB ODER -TASCHE NICHT.** Ja, ganz richtig! Klingt vielleicht banal, ist aber immer noch nicht selbstverständlich. Und das ist vielleicht die einfachste Änderung, die du vornehmen kannst. Seit Januar 2022 gilt nämlich in Deutschland ein Verbot für leichte Plastiktragetaschen. Deshalb versuche einfach, daran zu denken, immer einen Einkaufskorb und/oder einige Stoff- oder Mehrwegtaschen im Auto zu haben oder an der Haustür zu deponieren. So vergisst du nicht, sie mitzunehmen, wenn du einkaufen gehst.

JENS TIPPS UND TRICKS FÜR EIN LEICHTERES LEBEN

Ein Tipp für Eltern: Wenn die Kids ins Zeltlager fahren, könnt ihr euch erfahrungsgemäß die Mühe sparen, alles zu beschriften, jede Menge Hygieneartikel einzupacken oder sogar jedes Tagesoutfit in einem Extraplastikbeutel zu verpacken. Die Kids werden vermutlich die ganze Woche über dieselben Socken tragen und die Zahnbürste wird trocken zurück nach Hause kommen. Das ist eine Tatsache. Frag, wen du willst.

- **WAS IST MIT DEM ABFALL VON HAUSTIEREN?** Ja, ich weiß. Wer ein Haustier hat, benutzt vermutlich Plastiktüten für die Entsorgung der Hinterlassenschaften. Aber es gibt auch kompostierbare oder sogar waschbare Gassibeutel. Eine Suche im Internet liefert jede Menge Angaben dazu.

Anregungen für mehr Freiraum

Es gab schon immer Menschen, denen Umweltschutz und Nachhaltigkeit ein besonders großes Anliegen waren und die sich schon früh mit globaler Erwärmung beschäftigt haben. Aber hoffentlich haben die Wissenschaftler und vor allem die Erfahrungen mit Dürre und Überschwemmungen in den letzten Monaten und Jahren auch den Rest der Welt endlich davon überzeugt, dass die Erde tatsächlich in Gefahr ist und sich erwärmt. Und wenn wir nicht weltweit ziemlich drastische Maßnahmen ergreifen, stecken die nächsten Generationen in echten Schwierigkeiten.

Ich sehe dieses Thema als das große Vermächtnis unserer Generation – zum Guten oder zum Schlechten. Entweder werden wir als die Generation in die Geschichte eingehen, die den Klimawandel endlich ernst nahm und die gewaltigen notwendigen Umstellungen vorgenommen hat, um unseren Planeten zu schützen und für zukünftige Generationen zu erhalten. Oder wir werden die

Generation sein, die weiterhin jede noch so laute Alarmglocke ignoriert und unseren Kindern und Kindeskindern eine geplünderte Erde hinterlässt. Wir werden ja sehen, was passiert. Der Gedanke ist entmutigend, aber genau das wird auf uns zukommen.

Es ist ironisch und traurig zugleich, dass wir die Auswirkungen unserer Entscheidungen am wenigsten zu spüren bekommen werden. Unser Verhalten wird sich auf die Länder auswirken, die nicht in dem Maße zu den Klimaproblemen der Welt beigetragen haben, wie wir es getan haben. Viele Beschlüsse werden in Politik, Gesetzgebung und staatlichen Behörden zu treffen sein. Aber du und ich müssen anfangen, die Veränderungen umzusetzen, die in *unserer* Macht stehen und für Lieschen Müller und Ottonormalverbraucher realisierbar sind.

Wir haben uns im Rahmen dieser Challenge mit sieben unterschiedlichen Bereichen beschäftigt und dort jeweils versucht, einfacher zu leben und so mehr Freiräume zu schaffen. Doch dieser fünfte Bereich hatte langfristig am meisten Auswirkungen auf unsere Familie, denn wir haben gelernt, zu recyceln, wiederzuverwenden und zu sparen und erhalten. Als du die ersten Zeilen dieses Kapitels gelesen hast, hast du vielleicht gedacht: *Wow, willkommen im letzten Jahrhundert. Damit haben wir bei uns doch schon in den Siebzigern angefangen*. Wir in Amerika waren hier ein bisschen später dran – aber wir als Familie waren bei diesem Thema so weit zurück, dass die Entscheidung dafür für uns ein riesiger Paukenschlag war und bleibende Veränderungen hinterlassen hat.

Als meine Familie den Entschluss fasste, sich zunächst einmal einen Monat lang aufs Recycling zu konzentrieren, war ich erstaunt, wie viele Dinge wir tatsächlich recyceln konnten! Wir recycelten Glas, Blech, Pappe, Plastik, Batterien, Tintenpatronen, Papier und Dosen. Wir benutzten Spaghetti-Gläser, um Waschpulver darin aufzubewahren. Unsere Essensreste kamen auf den Kompost und das Wasser vom Waschen des Salats oder Obsts wanderte in den Napf unserer Hündin Lady.

Ich stellte Behälter für jede Art Abfall in die Garage. Und während wir früher jede Woche acht Säcke mit Abfall in jede Mülltonne stopften, haben wir in der ersten Woche unserer Aktion bloß einen kleinen Müllsack für die ganze Woche herausgestellt. *Einen.*

Ich gebe zu, für eine gewisse Zeit wurde das Recyceln zu einer regelrechten Besessenheit. Du erinnerst dich ja bestimmt noch an meine Episode mit dem Karton in der Mülltonne der Nachbarn. Jedenfalls war ich extrem stolz auf das, was meine Familie im ersten Monat Müllvermeidung geschafft hatte. Gleichzeitig bekam ich Bauchschmerzen, wenn ich daran dachte, wie vieles wir im Laufe der Jahre weggeworfen hatten, das man gut hätte wiederverwerten können.

In den USA gibt es etwa 2000 aktive Mülldeponien, denen aber langsam der Platz ausgeht. Die dabei entstehenden Umweltprobleme reichen von gefährlichen Abfällen, giftigen Gasemissionen, schwach radioaktiven Abfällen bis hin zu Versickerungen in Grund- und Oberflächenwasser. Wenn eine Deponie geschlossen wird – denn kein Standort kann ewig Müll lagern oder vergraben –, muss sie wegen der Kontaminationsgefahr dreißig Jahre lang überwacht werden. Die damit verbundenen Gesundheitsgefahren sorgen für viel Protest und Kontroversen, aber eine einfache Lösung scheint es hier nicht zu geben.

Deutschland produzierte 2018 pro Kopf 535 Kilogramm Haushaltsabfälle. Das ergibt eine Gesamtmenge von knapp 420 Millionen Tonnen Abfall. 2019 betrug die gesamte Exportmenge von Plastikmüll 1,05 Millionen Tonnen.[2]

Auch wenn das Bewusstsein dafür wächst, dass wir lernen müssen, noch mehr Müll zu vermeiden, dass wir auf Plastik und überflüssige Verpackungen verzichten sollten, braucht es in dieser Hinsicht ein noch viel grundlegenderes Umdenken. Selbst gesetzliche Vorgaben wie das Verbot von Einwegbechern, -geschirr und -verpackungen können das Problem nicht vollständig lösen. Pizzaservice, To-go-Becher oder Einwegverpackungen für den Snack zwischendurch sind bei vielen so sehr Teil ihrer Lebensweise, dass es gezielter Anstrengung bedarf, den dadurch produzierten Müll zu reduzieren. Dieser Lebensstil ist bequem für uns als Konsumenten, aber schädlich für die Umwelt.

Dies ist ein noch nie dagewesenes Problem, da unsere Gesellschaft die erste ist, die in diesem Ausmaß jährlich

Millionen Tonnen Einwegmaterial produziert. Plastikflaschen, Behältnisse und Verpackungen, Elektroschrott ... Das sind allesamt die Nebenprodukte des „modernen Fortschritts“. Und was haben wir dafür vorzuweisen? Einzeln verpackte Käsescheiben und die Abholzung der Wälder.

Es ist an der Zeit, aufzuwachen und etwas zu ändern, solange wir noch können.

Schlussgedanken

Es gibt nicht immer mehr. Abgesehen von der Energiezufuhr durch die Sonne ist alles auf dieser Welt endlich. Die Anzahl der einzelnen Organismen mag grenzenlos erscheinen, aber sie ist es nicht. Arten mögen unendlich erscheinen, aber ihre Anzahl ist endlich. Unsere Lebenserhaltungssysteme mögen resistent erscheinen gegenüber unserem Missbrauch, aber es gibt Grenzen dessen, was sie ertragen können. Ob es uns gefällt oder nicht, wir sind endliche Lebewesen, die in einer endlichen Welt leben.[3]

Steven Bouma-Prediger
For the Beauty of the Earth

2010, als ich mein erstes Buch über unser Experiment schrieb, wurde uns fast nichts ins Haus geliefert. Amazon war erst ein Bruchteil dessen, was es heute ist. Die allermeisten der heute gängigen Lieferdienste gab es damals noch nicht. Und jetzt kann man sich buchstäblich alles bis an die Haustür liefern lassen. Wirklich alles. Und ich bin süchtig nach dieser Bequemlichkeit, denn Zeit ist mein kostbarstes Gut. Dank dieser Dienste habe ich so viele Stunden mehr vom Tag, Zeit, in der ich nicht zu einem Geschäft fahren muss. Aber ich mache mir Gedanken über die ökologischen Auswirkungen dieser „Ersparnis".

Denn was ist die Kehrseite all dieser Lkws und Fahrer und zusätzlichen Verpackungen? Eben. Die Auswirkungen sind fatal, und ich wünschte, es wäre mir egal. Aber ich nehme es ernst, und dieses Wissen wird die Art und Weise beeinflussen, wie ich Lieferdienste nutze. Ich glaube, ich muss mein diesbezügliches Verhalten sehr bald ändern, und mir graut davor.

Noch vor 25 Jahren war die Popularität von abgefülltem Wasser in meiner Heimat begrenzt, aber dank einer cleveren Industrie, die einfaches Leitungswasser neu verpackte und einer auf Bequemlichkeit versessenen Gesellschaft verkaufte, dass ihr „neues" Wasser dem alten ja überlegen sei, verbraucht jeder Deutsche heute jährlich knapp 150 Liter Mineral- und Heilwasser. 2000 waren es noch nur rund 100 Liter, Anfang der 1980er-Jahre lag der Wert unter 40 Litern pro Person und 1970 sogar nur bei 12,5 Litern. Immer mehr Menschen kaufen Wasser zu einem viel höheren Preis, als wenn sie schlichtes

Leitungswasser trinken würden.[4] Und ein Großteil der günstigsten Angebote wird in Plastikflaschen angeboten, die unsere Abfallberge am Ende doch nur vergrößern.

Gerade als ich mir über meine persönlichen Recyclingbemühungen fast ein Loch in den Bauch freute, las ich Folgendes:

Der effektivste Weg, um diesen Trend zu stoppen, besteht darin, Abfälle von vornherein zu vermeiden. [...] *Abfall entsteht nicht nur, wenn Verbraucher Dinge wegwerfen. Während des gesamten Lebenszyklus' eines Produkts, von der Gewinnung der Rohstoffe über den Transport zu den Verarbeitungs- und Produktionsanlagen bis hin zur Herstellung und Nutzung, entsteht Abfall. Wiederverwendung oder eine weniger materialaufwändige Produktion verringert die Abfallmenge drastisch. Letztendlich müssen weniger Materialien recycelt oder auf Mülldeponien oder in Müllverbrennungsanlagen entsorgt werden.*[5]

Wenn ich mein Glas in den Altglascontainer werfe, hat es bereits durch Verarbeitung und Transport den größten Teil des Schadens verursacht. Diese Erkenntnis hat mich aufgerüttelt, aber sie hat mich auch darin bestärkt, an der Veränderung mitzuwirken.

Eine echte Reform macht erforderlich, dass man weniger Einwegmaterial kauft, lieber Großpackungen wählt als mehrere kleine, auf dem Wochenmarkt Obst und Gemüse ohne Plastikverpackung kauft und im Secondhandladen Ausschau nach anderen Dingen hält, die man braucht. Viele Behälter von Lebensmitteln lassen sich wiederverwenden. Recycling ist wahrscheinlich als Verfahren zu wirklicher Abfallreduzierung mit maximaler Wirkung eher eine drittrangige Taktik. Lohnt es sich also überhaupt? Darauf kannst du deinen Baumwollbeutel fürs Brot wetten.

Eine Freundin meinte zu mir: „Ich weiß nicht, warum du es überhaupt versuchst. Es wird doch eh nichts bringen. Es interessiert sonst niemanden." Sie sah, wie ungeheuer groß und komplex das Problem ist, und war entmutigt. Ich dagegen sah endlose Möglichkeiten und empfand es als eine Ehre, das zu tun, was für unsere Schöpfung und unseren Schöpfer gut und richtig und wahr ist.

Wenn Gott wirklich im Zentrum der Dinge steht und Gottes gute Zukunft die sicherste Realität ist, dann ist die wirklich realistische Handlungsweise die, sich der vorherrschenden konsequentialistischen Ethik unserer Zeit zu widersetzen – der Auffassung, die besagt, man solle nur dann handeln, wenn unser Handeln höchstwahrscheinlich gute Konsequenzen nach sich ziehen wird. Wir sollten schlicht und ergreifend aus dem Grund das Richtige tun, weil wir Menschen sind, die von dieser ewigen Hoffnung angetrieben werden. Wenn wir davon überzeugt sind, dass es Teil unserer Aufgabe als Erdenbewahrer ist zu recyceln, dann sollten wir recyceln, ob es nun die Welt verändert oder nicht. Wir sollten einfach das Richtige tun … Wenn wir es für einen wichtigen Teil unseres ökologischen Gehorsams halten, weniger Auto zu fahren und mehr zu Fuß zu gehen, dann sollten wir das tun. Wir sollten einfach das Richtige tun … Wir sollten unsere Berufung erfüllen, Bewahrer der Erde zu sein, gleichgültig, ob der Klimawandel real ist oder es Löcher in der Ozonschicht gibt oder jeden Tag drei Tier- oder Pflanzenarten aussterben. Unsere Berufung ist nicht abhängig von Ergebnissen oder dem Zustand des Planeten. Unsere Berufung hängt schlicht und ergreifend mit unserer Identität als verantwortliche Ebenbilder Gottes zusammen.[6]

Tun wir einfach das Richtige. Wir können tatsächlich etwas verändern!

*Es liegt in unserer Verantwortung,
gewissenhaft zu handeln.*

6

FINANZEN

Versuche nicht, mit aller Kraft reich zu werden;
sei klug und vergeude deine Zeit nicht damit.
Denn der Reichtum kann plötzlich verschwinden –
er bekommt Flügel wie ein Adler und fliegt davon.

SPRÜCHE 23,4–5

Spare, was das Zeug hält

Es war einmal eine Frau, die sich vorgenommen hatte, endlich nachzuvollziehen, wohin ihr Geld verschwand. Sie machte eine Aufstellung von all den Gelegenheiten, bei denen ihre kleine Familie im Monat Geld ausgab. Sie sah die Kontoauszüge eines ganzen Jahres durch – es waren im Durchschnitt 66 unterschiedliche Dienstleister pro Monat, wiederkehrende Ausgaben nicht mitgezählt. Ihr wurde speiübel. Und das war das Ende der Geschichte.

Wenn du das nächste Mal ein paar Stunden Zeit und etwas freien Platz auf dem Küchentisch oder dem Fußboden hast, fordere ich dich zu einem Zweikampf heraus! *Hüstel* ... Ich fordere dich auf, deine Kontodaten durchzusehen, um einmal herauszufinden, wohin *dein* Geld verschwindet. Die Ausgaben von einer Woche – oder auch zwei – zu überprüfen, ist schon ein guter Anfang. Das sollte es dir ermöglichen, in einem überschaubaren Zeitraum ein paar Trends zu erkennen. Aber wenn du wirklich einen guten Überblick über deine Ausgaben bekommen willst, dann sieh die vergangenen drei bis sechs Monate durch oder, noch besser, die Ausgaben eines ganzen Jahres, um ein vollständigeres Bild zu bekommen.

Vielleicht legst du schon mal eine Tüte bereit, falls du Schnappatmung bekommst.

Oder vielleicht auch nicht. Vielleicht bist du ja die Königin der Haushaltsführung und weißt bis auf den letzten Cent, wofür du dein Geld ausgibst. In diesem Fall solltest du andere an deiner Begabung teilhaben lassen! Denn das ist ein Riesenthema, und wir brauchen deine Weisheit.

Familien zerbrechen an Geldproblemen. Länder ziehen deswegen in den Krieg. Unser Auskommen und unsere Gemeinschaften hängen vom Geld ab. Und da es über 2300 Bibelverse gibt, in denen es in irgendeiner Hinsicht um das Thema „Geld“ geht, sollte man meinen, dass wir uns besser darauf verstehen würden, angemessen zu sparen und zu konsumieren, oder?

Leider nein.

Darf ich dich ein bisschen schockieren?

Etwa jeder zehnte Erwachsene in Deutschland kann seine Rechnungen nicht mehr zuverlässig bezahlen. Im Oktober 2020 waren etwa 6,85 Millionen Bürger über 18 Jahre überschuldet. Die höchste Verschuldung weist dabei die Altersgruppe der 30- bis 39-Jährigen auf. Fast jeder fünfte dieser Altersgruppe gilt als überschuldet oder zumindest nachhaltig zahlungsgestört.[1] Die individuelle Schuldenhöhe lag dabei im Durchschnitt bei 27 600 Euro.[2]

Falls das deine Realität darstellt – es gibt ein LED-Licht am Ende des Tunnels.

Ich glaube, es war einfacher, den Überblick über die eigenen Ausgaben zu behalten, als die Leute noch Scheckbücher benutzten. Erinnerst du dich? Man musste einen Scheck ausstellen und notieren, wann man einen Artikel gekauft und wie viel er gekostet hat. Das erleichterte uns, unsere Kaufgewohnheiten im Blick zu behalten.

Doch das war einmal. Onlinebanking, Kreditkarten, PayDirect, PayPal und dergleichen erleichtern es uns, uns von unserem Geld zu trennen. Wir sehen etwas, das wir wollen, wir klicken auf einen Button, und innerhalb weniger Stunden oder Tage steht oder liegt es vor unserer Haustür. Das ist viel zu einfach! Und bequem, seien wir mal ehrlich. Die Anzahl der Kreditkartentransaktionen hat sich zwischen 2010 und 2019 erschreckenderweise mehr als verdreifacht.[3] Zu den Kreditkarten werde ich später noch etwas sagen. Aber viele von uns geben das Geld schneller aus, als wir es verdienen, und deshalb haben wir das Gefühl, immer hinterherzuhinken. Stopp diesen Wahnsinn!

Ich möchte dir Mut machen, die Kontrolle über dein Geld zurückzuerlangen. Das könnte beispielsweise bedeuten, dass du einen ausgiebigen und sehr kritischen Blick darauf wirfst, welche deiner Ausgaben überflüssig sind (*Starbucks*, Wimpernverlängerungen, Abogebühren, fünfmal pro Woche Fast Food) und wo du ein wenig oder auch recht viel einsparen kannst. Oder was du komplett von der Einkaufsliste streichen willst.

Wenn du dich durch irgendetwas, was ich hier schreibe, persönlich angegriffen fühlst, ist das nicht schlimm. Manche Menschen brauchen zum Beispiel morgens ihren Kaffee von *Starbucks*, um nicht verrückt zu werden, also mach um alles in der Welt das Beste daraus. Aber nimm trotzdem einmal unter die Lupe, ob du an anderer Stelle dein Kaufverhalten ändern könntest. Und – das ist hier auch wichtig – setz dir Ziele. Vielleicht könntest du ja jede Woche zwanzig Euro zusätzlich sparen? Oder du könntest versuchen, einen Kredit ein paar Monate früher abzuzahlen, um die Zinsen zu umgehen? Und hier noch ein gewagter Vorschlag: Wie wäre es mit dem Sparen für Wohneigentum?

Was immer deine finanziellen Ziele sind, ich garantiere dir, es gibt einen kreativen und einfachen Weg, sie zu erreichen, ohne gleich dein gesamtes Leben auf den Kopf zu stellen. Der erste Schritt besteht darin, dir bewusst zu machen, wohin dein Geld in erster Linie verschwindet.

Lieblingsideen

Als Brandon und ich geheiratet haben, gingen wir beide noch aufs College. Unser gemeinsames Einkommen betrug damals 11270 Dollar. Im Jahr. Während der ersten Jahre in der Jugendarbeit und auch später, als wir nur ein Einkommen besaßen, weil wir Babys bzw. Kleinkinder hatten, waren wir arm. Ich weiß noch, dass Brandon mir einmal einen Zwanzigdollarschein in die Hand drückte, von dem ich unsere kleine Familie eine Woche lang ernähren sollte. Kühlschrank und Speisekammer waren leer, ich hatte ein Vorschulkind am Tisch, ein Kleinkind auf meinem Bein und ein Baby auf meiner Hüfte. Ich setzte mich damals in die Küche und heulte mir die Augen aus.

Vielleicht kommt dir das ja bekannt vor.

Wenn man nicht mehr weiß, ob man morgen noch genug zu essen hat, ist das ein schreckliches Gefühl. Dazu kommt dann noch die Sorge um die Kinder allgemein und schon geht die Angst mit dir durch.

Damals haben wir nicht nur auf jeden Cent geachtet; wir haben jeden Cent genau unter die Lupe genommen, gezählt, verschoben und ausgequetscht. Für einen Hamburger und ein Getränk zu *McDonald's* zu gehen, war eine echte Verschwendung. Neue Kleidung kaufen? Wird nicht passieren – die Babys brauchen ja Windeln und Essen. Wir krebsten am Existenzminimum herum und versuchten, das Beste daraus zu machen. Und angelockt von der Verlockung nach mehr, trafen wir die Entscheidung, über unsere bescheidenen Verhältnisse zu leben.

Wie es in unserer Generation und in unserem Land leider üblich ist, haben wir über die Jahre ein tiefes, dunkles Schuldenloch gegraben, um den Lebensstil zu pflegen, den wir uns eigentlich nicht leisten konnten, aber auf den wir aus irgendeinem Grund ein Anrecht zu haben meinten. Wir lebten von einem Gehalt zum nächsten, stellten Schecks aus und nickten höflich, wenn die wohlhabenden Leute in der Gemeinde über ihre Urlaube und neue Autos sprachen, und fragten uns, an wen wir wohl unsere Seele verkaufen müssten, um uns ebenfalls diesen Luxus leisten zu können. (Die Kreditkartenfirmen waren nur zu gern bereit, uns da zu helfen.)

Es war ein schrecklicher Kreislauf, der uns viele Streitereien und schlaflose Nächte bescherte. Und es dauerte viele Jahre, bis wir uns aus dem Kreislauf von Schulden und leerem Kühlschrank befreit hatten. War es harte Arbeit? Das kann man wohl sagen. Aber es hat sich gelohnt.

Ich bin dankbar, dass ich heute den Tank meines Autos nicht mehr nur halb voll tanken oder meine siebenköpfige Familie mit 20 Dollar pro Woche ernähren muss. Und ich bin mir durchaus bewusst, dass viele Familien in unserer Gemeinde und auf der ganzen Welt mit sehr viel weniger auskommen müssen.

Wir haben die Schulden besiegt und – halte dich fest – wir haben sogar ein Sparkonto. Als ich endlich nicht länger in Panik geriet, weil ich fürchtete, dass meine Kreditkarte abgelehnt werden würde (und es hat Jahre gedauert, bis ich das überwunden hatte), schwang das Pendel auf die andere Seite. Wir lebten immer noch in einem finanziellen Chaos, aber immerhin ein Chaos mit etwas finanziellem Spielraum. *Mist.*

Als ich mich hinsetzte und mir klarmachte, wie und wo und wann wir (sprich: ich) unser Geld ausgaben, spürte ich, wie die alte Angst in mir hochstieg. Ich war leichtsinnig gewesen. Und ahnungslos. Wer jeden Monat an 66 Stellen sein Geld ausgibt, ist ein Konsument der schlimmsten Sorte.

Wie werde ich mich für meine Entscheidungen verantworten, wenn Gott mich eines Tages damit konfrontiert? Mein verfügbares Einkommen ist so hoch, dass ich meinen Teil dazu beitragen kann, Restaurants, Schuhläden und Kinos zu finanzieren – prima, ich halte also unsere Wirtschaft am Laufen. Aber was tue ich, um die „Wirtschaft" meiner Familie am Laufen zu halten? Oder um für die Menschen in meiner Gemeinde zu sorgen? Ich bezweifle, dass Jesus meine Ausrede akzeptieren wird, dass ich die Armen vergessen habe, weil ich knapp bei Kasse war.

Also hier einige Tipps, die uns als Familie geholfen haben, die Ausgaben in den Griff zu bekommen:

- **NOTIERE DIR DEINE FINANZIELLEN ZIELE.** Es fällt dir vielleicht leichter, auf ein paar regelmäßige (aber unter Umständen nicht notwendige) Anschaffungen zu verzichten, wenn du ein Ziel vor Augen hast. Willst du für ein Haus oder eine Eigentumswohnung sparen? Einen bestehenden Kredit abzahlen? Einen Familienurlaub finanzieren? Brauchst du einen neuen Computer? Notiere dir deine konkreten Ziele und dazu auch den Betrag, den du dafür ansparen musst.

- **STELLE EINEN HAUSHALTSPLAN AUF UND HALTE DICH AUCH DARAN.** Einen Haushaltsplan aufstellen? Das klingt einfach, aber du musst es auch tatsächlich tun. Du brauchst dafür keine ausgeklügelte Buchhaltungssoftware. Allerdings musst du ein paar Stunden investieren und auch eine Methode finden, die für dich geeignet ist.
  Manche mögen Excel-Tabellen, anderen greifen lieber zu Papier und Bleistift. Egal, welche Methode du wählst, um deine Ausgaben im Blick zu behalten: Das Ganze wird auf jeden Fall aufschlussreich sein!

- **STREICHE ÜBERFLÜSSIGE AUSGABEN.** An dieser Stelle musst du vielleicht ein paar ernsthafte Gespräche mit dir selbst führen. Ihr holt euch jede Woche dreimal etwas beim Chinesen? Fahrt zu *McDonald's* oder geht Sushi essen? Wie wäre es, wenn du das auf ein Mal

JENS TIPPS UND TRICKS FÜR EIN LEICHTERES LEBEN

Ich befinde mich gerade mit meiner Tochter an dem Ort, der uns beide immer sehr glücklich macht – in einer großen Buchhandlung. Sydney: „Mom, was glaubst du, wie viel Geld hast du in deinem Leben schon für Bücher ausgegeben? Vielleicht tausend Dollar?"

Ich: „Oh Schatz, wenn du wüsstest ..."

reduzierst? Und nutzt du wirklich alle deine Musik-, Hörbuch- oder Film-Abos oder könntest du bei dem einen oder anderen für eine Weile pausieren? Zahlst du Beiträge für ein Fitnessstudio, in dem du schon seit einem Jahr nicht mehr gewesen bist? Ich kenne eine Frau, die ihre Mitgliedschaft im Sportklub drei Jahre lang aufrechterhielt, ohne ein einziges Mal hinzugehen, nur für den Fall, dass sie sich eines Tages entschließen würde, sie zu nutzen. Da wird so viel Geld verschwendet! Nein, das bedeutet nicht, dass du in Zukunft keinen Sport mehr treiben sollst – im Gegenteil –, aber wenn du deine Mitgliedschaft im Fitnessstudio nicht nutzt, ist es vielleicht an der Zeit, das

Geld zu sparen oder einen anderen Weg zu finden, sich sportlich zu betätigen.

- **WERDE KREATIV.** Wenn du noch studierst oder dich ganztags um dein Kind kümmerst, könntest du ja trotzdem darüber nachdenken, ob es nicht möglich wäre, für ein paar Monate einen Teilzeit- oder Saisonjob anzunehmen. Vielleicht könntest du ja babysitten oder ältere Personen in deiner Gemeinde gegen ein Stundenhonorar betreuen? Oder du könntest Dinge verkaufen, die nur herumliegen und Staub ansammeln? Oder einen YouTube-Kanal ins Leben rufen, auf dem du Kekse backst und zu 1980er-Jahre-Rockmusik tanzt?
  Hast du dir schon einmal bewusst gemacht, auf welche Weise die Leute heutzutage Geld verdienen? Erweitere deinen Horizont – und deinen Geldbeutel.

Anregungen für mehr Freiraum

Als siebenköpfige Familie geben wir jede Menge Geld aus. Als ich mal die Kontoauszüge eines Jahres durchforstete, verschaffte mir das viel Klarheit. Und Entschlossenheit. Es stellte sich nämlich heraus, dass wir keine großen Einkäufe tätigen, aber hier und da immer mal ein paar

Dollar lassen. Am Ende kam heraus: Wir geben fast alles aus, was wir verdienen, und ehrlich gesagt, weiß ich kaum von der Hälfe, wo das Geld bleibt.

Das war auch der Grund, warum ich den Bereich der Finanzen bislang gar nicht auf dem Schirm hatte. Der Großteil meiner Einkäufe war unspektakulär, nur ein kleines Extra hier und diese kleine Sache dort. Ich habe keine Lust zu kochen; lass uns einfach ein Fertigmenü kaufen. Einzeln betrachtet, keine bedeutenden Beträge. Aber in der Summe kommt ganz schön etwas zusammen.

Brauche ich diesen edlen Marken-Lippenstift wirklich, wenn ich in der Drogerie einen in der gleichen Farbe finden kann? Muss es diese Markenjeans sein, oder hilft es jemandem, wenn ich mir diesen Kauf verkneife?

Sagen wir, ich schränke meine Ausgaben ein und bemühe mich, meinen Konsum zurückzuschrauben, indem ich nur das nutze, was wir tatsächlich haben, und mich an der Einfachheit dieses „Weniger ist mehr" erfreue. Wenn ich mir die Zeit und Mühe nehmen würde, meine Gewohnheiten zu ändern, würden meine Entscheidungen dann überhaupt ins Gewicht fallen? Oder deine?

Ich denke, schon.

Wenn du eine Vorstellung davon haben willst, wie falsch und abträglich unser Ausgabenverhalten wirklich ist, sieh dir diese Zahlen an, die ich vor einigen Jahren für mein Experiment recherchiert hatte:

jährliche US-Ausgaben für Kosmetikartikel (USA):	8 Mrd. Dollar
jährliche Ausgaben für Kosmetikartikel (D):	1,8 Mrd. Dollar
Grundschulbildung für *alle Kinder weltweit:*	6 Mrd. Dollar
jährliche Ausgaben für Parfüm (USA und Europa):	12 Mrd. Dollar
sauberes Wasser für alle Erdenbürger:	9 Mrd. Dollar
jährliche Ausgaben für Tiernahrung (USA und Europa):	17 Mrd. Dollar
reproduktive Gesundheit für alle Frauen:	12 Mrd. Dollar[4]

Schockiert dich das? Dann betrachte doch einmal diese Zahlen über soziale und wirtschaftliche Ungerechtigkeit:

In sozialer und wirtschaftlicher Hinsicht haben wir ein großes Wohlstandsgefälle geschaffen. Ein kleiner Teil der Weltbevölkerung (17 %) verbraucht den größten Teil der Ressourcen (80 %) und lässt fast 5 Milliarden Menschen von den verbleibenden 20 % leben. Infolgedessen leben Milliarden von Menschen ohne das Lebensnotwendigste – Nahrung, Wasser, Unterkunft und sanitäre Anlagen.[5]

Und wenn diese Zahlen aus dem Jahr 1998 zu blass erscheinen, dann macht eine Studie von 2014 das Problem nur allzu deutlich: „Fast die Hälfte der Weltbevölkerung – mehr als 3 Milliarden Menschen – lebt von weniger als 2,50 Dollar pro Tag. Mehr als 1,3 Milliarden leben in extremer Armut – mit weniger als 1,25 Dollar pro Tag."[6]

Wir sind die Minderheit, die in Saus und Braus lebt und die meisten Güter dieser Welt kauft, während die Hälfte der Weltbevölkerung sich nicht einmal eine Fast-Food-Mahlzeit pro Tag leisten kann. Und so leben wir schon seit Jahrzehnten.

Wir sind die 20 % an der Spitze und kaufen mehr als 80 % der Güter.

Wenn wir uns das bewusst machen, bekommen wir vielleicht den Eindruck, als könnten wir daran unmöglich etwas ändern. Und es stimmt: Ein Mensch, der seine Konsumgewohnheiten ändert, würde keine Rolle spielen.

Aber wenn Hunderte, Tausende oder sogar Millionen von uns den Status quo infrage stellen würden – und wir für jedes zweite Mal, das wir Ja sagen, Nein sagen und die Konsumkraft unseres Geldes ernst nehmen würden –, dann könnte unsere Generation das Ruder herumreißen. Und weißt du, womit diese Flutwelle der Veränderung beginnt?

Mit einer Person.

Mit dir.

Mit mir.

Lass uns etwas bewegen und anderen zeigen, dass Veränderung nicht nur möglich, sondern zwingend notwendig ist.

Und Veränderung braucht Mut. Können wir gegen den Strom schwimmen und sagen: „Das kaufen wir nicht. Wir brauchen das nicht. Wir werden uns mit dem begnügen, was wir haben. Wir benutzen das, was wir schon besitzen"?

Wenn dir bei diesem Gedanken mulmig wird, dann geht es dir so wie mir. Wer schränkt sich heutzutage gern ein? Wer benutzt alte Sachen, wenn er neue kaufen kann? Wer näht Flicken auf Jeans oder benutzt die Winterjacke vom vergangenen Jahr? Wer sagt Nein, wenn er es sich leisten kann, Ja zu sagen?

Wir könnten es tun.

Schlussgedanken

Herr, deine Gnade ist so weit wie der Himmel
und deine Treue reicht so weit, wie die Wolken ziehen.
Deine Gerechtigkeit ist unerschütterlich wie die Berge
und dein Urteil gründet tief wie das Meer.
Herr, du sorgst für Menschen und Tiere gleichermaßen.
Wie kostbar ist deine Gnade, Gott!
Bei dir finden Menschen Schutz im Schatten deiner Flügel.
Du beschenkst sie aus deinem Überfluss.

Du überschüttest sie mit Freude.
Denn du bist die Quelle des Lebens
und das Licht, durch das wir leben.

Psalm 36,6–10

Als wir dieses Experiment zum ersten Mal durchgeführt haben, bestand die größte Herausforderung darin, uns auf sieben Orte bzw. Geschäfte festzulegen, an denen wir in diesem Monat unser Geld ausgeben wollten. Und das war noch vor der Zeit, in der ich viel Geld in irgendwelchen Onlineshops gelassen habe!

Jetzt, wo sich uns unzählige Möglichkeiten bieten, unser Geld irgendwo im Internet auszugeben, ist die Versuchung einfach allgegenwärtig. Und es geht typischerweise noch nicht einmal um große Ausgaben. Es sind oft kleine Beträge hier und da.

Ich denke, dass es einige wirklich interessante und kreative Wege gibt, um Ausgaben zu reduzieren. Die Kleidertauschbörse ist natürlich einer meiner Favoriten und sie macht auch Spaß. Gebrauchtes zu kaufen, seien das nun Kleidungsstücke oder Bücher, Filme und andere Konsumartikel, ist ebenfalls ein toller Weg, um die Ausgaben zu reduzieren. Und dann gibt es da noch eine Idee: teilen.

Ich lebe in einer kleineren Gemeinde in einem Vorort von Austin und alle meine engen Freunde und ein paar Verwandte ebenfalls. Also teilen wir eine Menge teurer Dinge oder Gegenstände, die wir nicht oft benutzen – aber wenn man sie braucht, dann braucht man sie eben. Dazu gehören Rasenmäher, Laubbläser, Hochdruckreiniger, Nähmaschinen. Es gibt in unserem Fundus von Tauschartikeln sogar ein komplettes Partyset mit Kerzen und Laternen und Deko für Einladungen und Feste aller Art.

Es muss also nicht jeder alle diese Artikel kaufen, sondern es gibt eine Reihe von Gegenständen, die allen jederzeit zur Verfügung stehen. Ob im Freundeskreis oder der Nachbarschaft: Geräte und anderes zu teilen, ist eine gute Möglichkeit, Ausgaben zu senken.

Neulich meinte jemand: „Dass ich diesen Gegenstand haben kann, bedeutet noch lange nicht, dass ich ihn auch haben *sollte.*“ Bingo! Diese Aussage traf bei mir voll ins Schwarze.

Wenn wir nüchtern darüber nachdenken, ergibt es wirklich Sinn, oder? Aber gleichzeitig ist dieser Gedanke auch ungewohnt. Denn oft genug hören wir Aussprüche, die in die entgegengesetzte Richtung gehen:

- „Das ist doch nur eine Kleinigkeit.“
- „Ich kann es mir leisten.“
- „Das habe ich mir verdient!“
- „Ich habe hart für mein Geld gearbeitet, also kann ich es ausgeben, wie ich will.“
- „Ich will es haben, also lass mich in Ruhe.“
- „Andere Leute geben viel mehr aus.“ (Erwischt! Das ist meine Lieblingsausrede.)

- „Ich habe immer noch Geld auf der Bank, also ist es in Ordnung."
- „Was ist schon dabei?"

Ich wünschte, ich könnte viele meiner zügellosen und scheinbar unbedeutenden Käufe rückgängig machen. Die unverantwortlichen und egoistischen und eitlen Ausgaben, die ich vor mir selbst rechtfertigt habe, sind so schwindelerregend, dass ich hoffe, ich werde nie erfahren, wie viele es wirklich waren. Die Summe könnte mich erschlagen.

ABER.

Wir können nach vorn blicken. Wir können die Art und Weise ändern, wie wir Geld ausgeben und sparen. Wir können eine andere Haltung zum Thema „Finanzen" entwickeln und uns Gedanken darüber machen, wohin das Geld verschwindet.

Wir könnten unseren Umgang mit unseren Finanzen zum Beispiel dadurch ändern, dass wir uns damit anfreunden, nicht ständig zu konsumieren. Indem wir also ein Ja zum Konsumverzicht finden. Wiederverwenden, was wir haben, anstatt immer nach dem Neuesten Ausschau zu halten.

Zweitens können wir das gesparte Geld anders nutzen. Wir können Schulden tilgen, unsere Ersparnisse und Rentenkonten auffüllen, wir können unsere Gemeinden oder Initiativen, die uns am Herzen liegen, unterstützen.

Drittens: Es ist an der Zeit, dass wir klügere Konsumenten werden.

Wir können einfach aufhören, so viel auszugeben, verwenden, was wir haben, und ausleihen, was wir brauchen, und – das ist der Clou des Ganzen – mit weniger auskommen. Minimalismus heißt hier das Zauberwort!

Angesichts des Leids in dieser Welt und der Ungleichheiten, die durch Korruption und Gier entstehen, haben wir tatsächlich immense Macht, etwas zu verändern – schließlich entscheiden wir, wohin unser Geld fließt. Wenn genug von uns beschließen würden, unsere Perspektive zu ändern und aktiv zu werden, würden wir eine wahre Flut von Gerechtigkeit entfesseln und Ungleichheit, extreme Armut und Hoffnungslosigkeit hinwegfegen.

Die Welt wartet darauf. Unsere Kinder beobachten uns. Zeit und Ressourcen werden vergeudet. Sind wir bereit?

Ich bin es auf jeden Fall.

Veränderung erfordert Mut.

7

STRESS

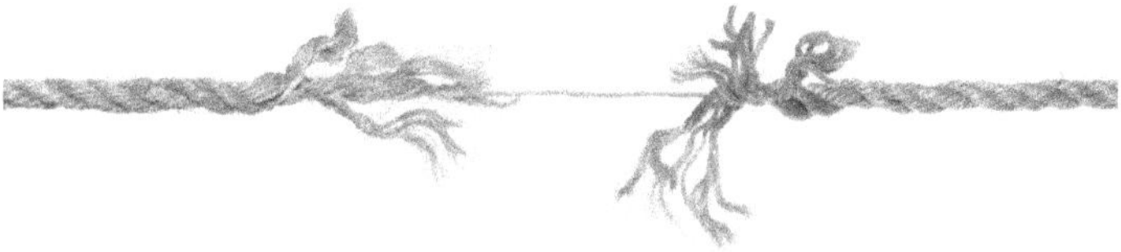

Auf Gott allein vertraue ich fest,
denn von ihm kommt meine Rettung.

PSALM 62,2

Eine Kerze, die an beiden Enden brennt

Was stresst dich am meisten?

Was stresst mich nicht?!, höre ich dich sagen.

Arbeit. Familie. Rechnungen. Verkehr. Nachrichten. Was soll ich heute kochen? Was sollte ich heute lieber nicht kochen? Das Meeting, das eine Stunde länger dauert als vorgesehen. Schreiende Kinder. Zu wenig Schlaf. Zu wenig Koffein. Zu viel Koffein. Ein überfüllter Terminkalender. Nicht genug Zeit zu haben, um mal ein paar Minuten zu entspannen und den eigenen Gedanken nachzuhängen. Amen, Schwester!

Geht mir genauso.

Manchmal ist unser Leben eine Zeit lang hart. Und manchmal kommt es uns so vor, als würden die harten Zeiten ewig andauern. Irgendwie kämpfen wir uns hindurch. Die Welt dreht sich weiter. Wir stehen diese Phase durch. Am Ende sind wir ein bisschen klüger. Und hoffentlich entdecken wir, was wirklich wichtig ist im Leben und was nicht.

Als ich meinen Kalender durchsah, entdeckte ich, dass ich in den nächsten acht Wochen nur fünf freie Termine hatte. Fünf. Es gab in zwei Monaten nur fünf Abende, an denen ich nichts geplant hatte, nirgendwo hinmusste, bei keinem Event erwartet wurde.

Kommt dir das bekannt vor?

Wir haben zu viel um die Ohren. Wir sind unausgeglichen, gestresst, überanstrengt und unausgeruht. Dieses Lebenstempo ist einfach nicht tragbar – es wird unweigerlich irgendwann mal zu Zusammenbrüchen, Burnouts und stressbedingten Erkrankungen kommen. Und es überrascht mich nicht, dass Stress Frauen anders und häufiger zu schaffen macht als Männern und sich zum Beispiel in Form von Spannungskopfschmerz und Migräne, Depressionen und Angstzuständen, Herzproblemen, Magenverstimmungen, Fettleibigkeit und diversen hormonellen Problemen äußert.[1] Ich weiß nicht, wie es dir geht, aber diese erschreckende Liste hat mich schon beim bloßen Lesen gestresst.

Und ich will auch nicht, dass mein Leben so abläuft. Nein danke. Diese Lebensphase zieht viel zu schnell an mir vorüber – ich setze zu wenige Grenzen und habe ständig das Gefühl, dass ich zu allem Ja sagen müsste, wo ich doch zu vielen Dingen lieber Nein sagen sollte und dafür sorgen wollte, dass ich genug Freiraum habe, zurechnungsfähig bleibe und mich an meinem einfachen Leben erfreue.

An den meisten Tagen versuche ich schlicht, alles am

Laufen zu halten. Ich versuche, anstehende Dinge zu erledigen, während ich darüber nachdenke, was noch zu tun ist. Aber weißt du, wohin das führt? Meine Kinder und mein Mann bekommen nur kurz angebundene Antworten und wir alle spüren die Anspannung. Wenn ich mir keine Zeit für mich und meine Familie nehme, dann kann ich dir garantieren: Ich werde auch nicht auf magische Weise Zeit für mein Leben haben.

Ich glaube, das ist einfach unser irrwitziger Lebensstil hier im Westen. Alle meine Freundinnen können eine ähnliche Geschichte erzählen. Keine von uns ist glücklich darüber und doch knallen wir uns immer wieder den Kalender voll. *Ja, ich bin dabei ... Wir melden uns an ... Das kann ich gern übernehmen ...* Wir hasten von einer Aktivität zur nächsten und bringen unseren Kindern auf diese Weise bei, dass es normal ist, ständig an die eigenen Grenzen zu gehen und sich unter Stress zu setzen. Ein schönes Vermächtnis, kann ich da nur sagen.

Und die ganze Zeit flüstert das biblische Konzept der Ruhe mir zu: „Du ignorierst mich." Stimmt genau. Wie kann ich mich ausruhen, auftanken und auf das einstimmen, was und wer am wichtigsten ist, wenn ich so sehr damit beschäftigt bin, etwas zu *tun*, dass ich mir keine Zeit dafür nehme, einfach nur zu *sein?*

Erwischt!

Manchmal kommt es mir so vor, als wäre ich eine Kerze, die an beiden Enden brennt.

Aber glücklicherweise kann ich den verrückten Kreislauf durchbrechen. Denn schließlich bin ja ich diejenige, die meine Termine macht. Ich kann lernen, meinem Gott, mir selbst und meiner Familie Vorrang vor allen anderen Dingen zu geben.

Es hilft auch, dass ich einen geheimen Trick kenne, um meinen Stress zu bekämpfen.

Das stimmt wirklich! Ich habe ihn häufiger angewandt, als ich zählen kann. Und er funktioniert bei jedem einzelnen Mitglied unserer Familie! Er funktioniert jedes Mal und auch bei jedem!

Unsere Kinder stehen ebenfalls zunehmend unter Stress. Ihr Leben wird immer komplexer und immer anspruchsvoller. Das führt dazu, dass sie ihre Ängste und Sorgen zwar während des Schultags gut verdrängen können, aber wenn sie nach Hause kommen, platzt es dann aus ihnen heraus. Ja, dafür ist ein Zuhause auch da – es soll der Ort sein, an dem sie sich sicher fühlen. Aber gleichzeitig bedeutet das, dass wir als Eltern den größten Teil ihrer Ängste abbekommen.

Vor einigen Jahren kamen meine Kinder einmal völlig überdreht nach Hause. Ich kam gar nicht an sie heran und weiß noch, dass ich dachte: *Weißt du was? Ich fühle mich immer besser, wenn ich ein Bad genommen habe. Vielleicht sollte ich das bei ihnen auch mal probieren.* Und so begann unsere Tradition des „Luxus-Bades". Ganz egal, ob es gerade vier Uhr nachmittags ist, wenn sie schlecht gelaunt nach Hause kommen, ich sagte einfach: „Wie wär's, wenn ich dir ein Luxus-Bad einlasse?" Und wenn ich Luxus-Bad sage, dann meine ich auch *Luxus*. Mit Badeölen und Sprudelpralinen und herrlichem Meersalz. Ich stelle einen kleinen Tisch neben die Wanne und zünde eine Kerze an. Danach hole ich den CD-Spieler und lasse ihre Lieblingsmusik laufen. Und zum Schluss serviere ich ihnen noch einen netten kleinen Snack und ein leckeres Getränk in einem schönen Glas.

Ich sage dir: Es funktioniert jedes Mal. *Ausnahmslos*. Wasser ist beruhigend. Das Beste ist: Es klappt auch bei Jungs – das ist nicht nur eine Strategie für die Mädels. Und es funktioniert sogar bei Ehemännern!

Manchmal hat dein Gegenüber alle seine frustrierten, verrückten, bedauerlichen Worte ausgespuckt, und nichts, was du sagst, führt dazu, dass der andere sich besser fühlt. Wenn du den Menschen, den du liebst, nicht dazu bringen kannst, sich zu beruhigen oder dir zu glauben, dass alles wieder in Ordnung kommen wird, dann lasse ihm doch mal ein tolles Bad ein (oder etwas vergleichbar Verwöhnendes und Wunderbares, wenn du keine Badewanne hast). Ich garantiere dir: Wenn die Person 45 Minuten später aus dem Bad auftaucht, wirst du Zeuge eines Wunders, denn sie ist ein neuer Mensch!

Und übrigens: Es funktioniert auch bei dir.

Lieblingsideen

Hast du Gott schon einmal um Frieden, um Führung oder um Unterstützung gebeten? Hast du dich jemals gefragt, was in der geistlichen Welt vor sich geht, wenn wir beten? Glaube mir: Es ist ein echtes Mysterium! Wartet Gott darauf, dass wir seinem Willen gemäß beten und bereit sind, für Gerechtigkeit zu sorgen? Wie viele Beziehungen möchte er nur allzu gern heilen? Wie viel Seelenqual ist er bereit zu lindern? Wie viel Kummer möchte er von uns abwenden? Wie viel Frieden und Freude ist er bereit zu schenken? Und würde es den Prozess beschleunigen, wenn ich einen bestimmten Tanz aufführe und fehlerfrei ganz bestimmte Worte sage?

Ich weiß, Gott möchte von uns, dass wir vergeben, loslassen, ablegen, vertrauen, uns in seinen Willen fügen, ruhen und gehorchen; das sind die Schlüssel, die die Schlösser an den Fesseln lösen, die uns gefangen halten. Wie Jesus es schon versprochen hat: „Ich werde dir die Schlüssel zum Himmelreich geben. Was du auf der Erde bindest, wird auch im Himmel gebunden sein, und was du auf der Erde öffnest, wird auch im Himmel offen sein" (Matthäus 16,19).

In jedem Moment, mit jedem Atemzug lädt Gott uns zu dieser geistlichen Beziehung ein. Er möchte, dass wir glücklich und zufrieden sind, dass wir unser Leben genießen, Freude an unserer Arbeit haben und Zeit mit unserer Familie und unseren Freunden verbringen, statt uns in jeder Sekunde des Tages von den Anforderungen dieser Welt aufreiben zu lassen.

Weißt du, was wir dafür tun müssen? Wir müssen uns die Zeit nehmen.

Gleichgültig, ob du diesen Schritt eine Woche, einen Monat oder den Rest deines wunderbaren Lebens ausprobieren willst, eines sollst du wissen: Du hast die Kontrolle über deine Zeit. Nicht dein Job. Nicht deine Kinder. Nicht deine Lieblingsfernsehserie. Du kannst zu jeder Anfrage oder Bitte Ja oder Nein sagen. Und ich hoffe, du entscheidest dich dafür, dich selbst und deine Beziehung zu Gott zur Priorität zu machen und alles andere auf seinen Platz zu verweisen oder ganz aus dem Kalender zu streichen.

Hier einige Tipps, die als Anstoß dienen und dir dabei helfen sollten, deinen Kalender und dein Leben unter die Lupe zu nehmen und zu verändern:

- **PLANE RUHE- UND ENTSPANNUNGSTAGE IM VORAUS.** Nein, das ist nicht egoistisch. Es nennt sich Selbstfürsorge, und es hilft dir, in stressigen Zeiten gesund zu bleiben. Viele von uns scheuen davor zurück, sich Zeit für sich selbst zu nehmen, sodass gerade das das Erste ist, was gestrichen wird, wenn der Kalender überfüllt ist. Moment mal! Du kannst nicht in Familie, im Beruf, bei deinen Hobbys oder in der Gemeinde dein Bestes geben, wenn du vor Erschöpfung halb verrückt bist, weil du dich weigerst, gut für dich selbst zu sorgen.

Du hast das Gefühl, du brauchst eine Massage: Hol dir einen Termin. Du brauchst ein Nickerchen? Leg dich hin. Du musst unbedingt mal einen Wochenendtrip machen, und zwar ohne dass man dich über E-Mail erreichen kann? Mach es möglich.

- **RÄUME DER ZEIT MIT GOTT PRIORITÄT EIN.** Du musst dir ja nicht jedes Mal eine ganze Stunde Zeit nehmen, um zu beten. Manchmal reichen schon ein paar Minuten der Stille und Dankbarkeit, um morgens die Weichen für den Tag zu stellen. Dasselbe gilt am Abend. Nimm dir vor dem Schlafengehen ein paar Augenblicke Zeit, um dankbar auf alles zurückzuschauen, was du heute erledigt hast. Du hattest keine Zeit, um deine zehntausend Schritt zu gehen? Offensichtlich hast du den Tag trotzdem überlebt. Auch dafür kannst du dankbar sein. Und für die Möglichkeit, es morgen neu zu versuchen.

- **LASS DICH NICHT VOM „WAHNSINN" DER ANDEREN ANSTECKEN.** Als Frauen, Mütter, Schwestern, Freundinnen, Arbeitskolleginnen und erwachsene Töchter neigen wir dazu, Problemlöserinnen und Macherinnen, Helferinnen und Zuhörerinnen zu sein. Daran ist an und für sich nichts verkehrt. Solange wir die Probleme der anderen nicht zu unseren eigenen machen. Wirklich! Haben wir nicht alle schon genug um die Ohren? Da müssen wir uns nicht auch noch mit den

Sorgen von fünfzehn anderen Personen herumplagen, oder? Nein, damit will ich nicht sagen, dass wir uns nicht aufrichtig um andere kümmern oder nicht helfen sollten, wenn jemand in Not ist. Was ich damit sagen will, ist: Wir sollten uns darüber im Klaren sein, ob wir Lasten mit uns herumschleppen, die nicht für uns bestimmt ist. Wir sollten Grenzen setzen – emotionale, physische, elektronische oder anderweitige Grenzen.

Und ich habe noch einen letzten wertvollen Tipp: **LERNE, ANDERE UM HILFE ZU BITTEN.** Du musst nicht alles allein schaffen. Das Leben ist schön, aber manchmal ist es auch regelrecht brutal. Wenn du Hilfe brauchst, dann wende dich an deine Freunde und die Familie, in manchen Fällen vielleicht auch an einen entsprechenden Fachmann. Es ist unglaublich mutig und befreiend, über Fragen, Zweifel, Schmerz und Traurigkeit mit jemandem zu sprechen, der möchte, dass du das alles bewältigst. Stress kann viel Raum in unserem Leben einnehmen und es negativ beeinflussen. Er bietet uns aber auch eine Gelegenheit zum Austausch und zeigt uns, dass wir in dieser chaotischen Welt nicht allein sind. Du hast einen unschätzbaren Wert, viele Talente und ein großartiges Leben vor dir. Bitte um Hilfe, hebe den Kopf und öffne dein Herz.

Du schaffst das, Schwester!

Anregungen für mehr Freiraum

Ich liebe es, Zeit auf der Ranch meiner Eltern zu verbringen. Und wenn ich „Ranch“ sage, stellst du dir vielleicht ein großzügiges, rustikales Herrenhaus mit gepolsterten Ledermöbeln und Geweihleuchtern vor. Aber nein, so ist es nicht.

Bei der „Ranch“ meiner Eltern handelt es sich im Grunde nur um eine bewirtschaftete Rinderfarm. Es gibt kein Haus, nur eine Scheune, die ein 40 Quadratmeter großes Büro/Wohnzimmer/Küche/Bad beherbergt, einschließlich Waschbecken, Kühlschrank, Waschmaschine und Trockner. Im Winter streiten wir uns darüber, wer das Geschirr mit der Hand spülen muss, während der Rest von uns eingemummelt wie die Eskimos dasitzt. Die Rohre frieren schon beim ersten Anzeichen einer kühlen Brise ein. Also stellen wir Milchkannen mit Wasser ins Bad, damit wir den Spülkasten auffüllen und spülen können.

Nachts lassen sich die beiden Sofas zu Betten ausklappen – voilà: ein Schlafzimmer. Diese Betten sind fast so bequem wie eine schlichte Matte aus Kugellagern. Internet und Handyempfang gibt es nicht. Es gibt auch kein Kabelfernsehen, aber wir haben einen klapprigen Fernseher mit einem Videoplayer, auf dem wir uns jeden Abend, wie Welpen auf der Couch aufgereiht, alte Filme ansehen. Wir tragen jeden Tag dieselben Klamotten, und nach vier Tagen Aufenthalt erkundige ich mich mal, ob jemand geduscht hat. Die Antwort lautet vermutlich Nein.

Das Leben auf der Ranch ist so einfach, frei von all den Annehmlichkeiten, nach denen wir so süchtig sind.

Doch sobald ein Besuch geplant ist, können wir es alle kaum erwarten, wieder dort zu sein. Wir lieben die Ranch und jedes rustikale Detail. Wir sehnen uns nach der frischen Luft und den schmutzigen Stiefeln. Die Kinder erkunden mit dem Minitraktor stundenlang die Gegend.

JENS TIPPS UND TRICKS FÜR EIN LEICHTERES LEBEN

Zwischen Wäsche und Fahrgemeinschaft und Fußballtraining und Arbeitsbelastung und ehrenamtlichem Engagement und schier endlosen Projekten und Familienmanagement und dem ganzen anderen Kram verlieren wir schnell die grundlegendste, schönste Wahrheit aus den Augen.

Dass Gott uns so sehr liebt.

Dass er sich zutiefst über uns freut – wie alle Eltern, die über ihre Kinder völlig aus dem Häuschen sind.

Wir wüssten nicht, wo sie stecken, wenn wir nicht ihren urkomischen Gesprächen über Walkie-Talkie lauschen könnten.

Es gibt zwölf Hochsitze auf dem Gelände der Ranch, und Brandon und die Jungs lieben es, auf die Jagd zu gehen. Wenn die Sonne untergeht und die Jäger zurückkehren, beginne ich mit dem Abendessen und genieße dankbar diese besonderen Stunden, in der die Aktivität des Tages in die Entspannung des Abends übergeht.

Ich liebe es, meine „Küken" nach Tagen wie diesen unter meinen Flügeln zu versammeln, wenn Muskeln und Fantasie bis an ihre Grenzen beansprucht wurden und die Kinder mit geröteten Wangen zur Tür hereinspazieren und wetteifern, wer zuerst erzählen darf, was sie alles erlebt haben. Hüte werden abgenommen und Pferdeschwänze gelöst, ein Berg von Stiefeln vor der Tür abgestellt. Die Familie kommt zusammen, teilt neue Erinnerungen miteinander und die Vorfreude auf den nächsten Tag.

Das ist die Verbundenheit, nach der ich mich sehne. Das sind die einfachen Geschenke in Form von Gesprächen, Zeit, gutem Essen und Entspannung.

Davon will ich, nein, *brauche ich* mehr in meinem Leben. Und ich kann mir vorstellen, dass es dir genauso geht. Wir brauchen

mehr von „weniger".

mehr Frieden.

mehr wunderbare Stille.
mehr Lachen.
mehr Freude.

Hier ist die gute Nachricht: All das wartet schon auf dich.

Schlussgedanken

Lieber Künstler des Universums, geliebter Bildhauer, Sänger und Autor meines Lebens, aus deinem Bild geboren, habe ich in den Weiten deines Herzens eine Heimat gefunden. Die magische Anziehungskraft deiner Einladung zu wachsen verwandelt mich langsam in ein Geschenk für die Welt. Zeige mir, wie ich gut und gesund leben kann. Hilf mir, dass ich nicht vergesse, innezuhalten.[2]

Macrina Wiederkehr

Seven Sacred Pauses

Der Rhythmus unseres Lebens auf der Ranch ist heilsam verglichen mit dem hektischen Tempo des alltäglichen Lebens. Dieser Rhythmus ist auch mein Lehrmeister. Er bringt mir bei, dass ein gut gelebtes Leben ein besseres Tempo hat. Auf der Ranch gibt es keine Eile. Es gibt kein Hetzen von einer Sache zur nächsten, außer einer von uns macht auf dem Minitraktor ein Wettrennen mit unserem Hund Lady Bird.

Das vielleicht größte Geschenk einer Atempause wie dieser und eines Ortes wie diesem ist Klarheit. Wenn ich nur Kontakt zu meiner Familie habe und alles andere außer Reichweite ist, wird mir wieder stärker bewusst, was meine Mission ist: *Das ist wichtig, das nicht, dies zählt, das nicht.* Es ist eigentlich gar nicht so kompliziert.

Ich weiß, dass nicht jeder einen Ort hat, an den er sich zurückziehen kann, um aufzutanken. Aber vielleicht kannst du ja die Tür zu deinem Büro, deinem Gästezimmer oder Schlafzimmer hinter dir schließen und eine Stunde in der Stille verbringen? Du könntest ein Fenster öffnen und all deine elektronischen Geräte ausschalten und ... träumen. Wie wäre es, wenn du barfuß übers Gras läufst? Mit deiner Familie gemütlich um einen Tisch sitzt (und zwar ohne Handy und Fernseher) und ihr euch miteinander über all die vielen Gründe austauscht, warum ihr euch gernhabt?

Kannst du dich selbst lieben? Dir Fehler verzeihen? Freundschaft mit dir selbst schließen? Redest du freundlich und ermutigend mit dir, wenn du mit dir nicht im Reinen bist?

Veränderung beginnt bei uns und zieht von dort aus Kreise in unsere Familie, in unser Umfeld und unsere Welt. Mit jedem Lächeln, jedem freundlichen Wort, jeder guten Entscheidung verändert sich etwas.

Vergebung ist heilsam.

Du gewinnst dein Leben, wenn du bereit bist, es aufzugeben.

Liebe *besiegt* das Böse.

Ein einfaches Leben *schafft* Freiräume und schenkt Freiheit.

Veränderung beginnt bei uns und
zieht von dort aus Kreise in unserer Familie,
in unserem Umfeld und unserer Welt.

ABSCHLIESSENDE GEDANKEN

Der Herr segne dich und beschütze dich.
Der Herr wende sich dir freundlich zu und sei dir gnädig.
Der Herr sei dir besonders nahe und gebe dir seinen Frieden.

4. Mose 6,24–26

Über die Kunst, bewusster und einfacher zu leben

Mir wurde in einem Verlagsmeeting einmal die Frage gestellt: „Wer ist deine Zielgruppe?“, und das brachte mich dazu, über euch nachzudenken. Ich schätze mal, du bist wahrscheinlich Mutter (liebe Grüße an alle Nicht-Eltern!), gehörst zur mittleren bis oberen Mittelschicht, und wahrscheinlich würdest du von dir sagen, dass dein Leben meistens unglaublich gesegnet ist. Deine Welt ist vermutlich ziemlich übersichtlich: Die Kinder gehen auf gute Schulen, du lebst in einer ungefährlichen Gegend, dein Job – falls du gerade einem nachgehst – ist einigermaßen sicher, dein Kleiderschrank beeindruckend gefüllt. Diese Vorzüge lösen manchmal Spannungen in dir aus oder sie machen dich etwas nervös, aber du weißt nicht, warum oder was du damit anfangen sollst.

Du bist wahrscheinlich gläubig, aber ob du das schon dein Leben lang bist oder ob du eine frischgebackene Nachfolgerin von Jesus bist, weiß ich nicht. Vielleicht gibt es auch ein paar unter euch, die sich für den christlichen Glauben interessieren und fasziniert sind von Jesus, aber abgeschreckt von seinem Bodenpersonal.

Was Kirche angeht, gehörst du unter Umständen zu einer Gemeinde. Oder auch nicht – vielleicht hast du dich über die Verschwendung, die Bürokratie oder all die Skandale geärgert, von denen man lesen kann, und du bist ausgetreten oder willst austreten oder hast dir geschworen, nie wieder einen Fuß in eine Kirche zu setzen.

Oder du bist ein regelmäßiger Gottesdienstbesucher, aber manchmal möchtest du am liebsten aus der Haut fahren. Du schätzt die Gemeinschaft, die du dort erlebst, aber manchmal fragst du dich, ob deine Gemeinde vielleicht den eigentlichen Sinn des Ganzen aus den Augen verloren hat. Oder vielleicht hast du ja auch die Gemeinde deiner Träume gefunden. Du hast *Eine vollkommen verrückte Liebe* von Francis Chan oder *Ich muss verrückt sein, so zu leben* von Shane Claiborne gelesen. Und da du dieses Buch liest, kennst du unter Umständen auch mein Buch *Interrupted* und verbindest damit eine Art Hassliebe.

Ich nehme an, du hast schon Tränen vergossen, wenn du Berichte über Waisen oder Flüchtlinge, über hungernde Menschen oder Kinderprostitution gelesen oder gesehen hast, und die Verdorbenheit dieser Welt bricht dir manchmal das Herz. Es ist nicht in Ordnung, dass deine Kinder eine Schulbildung bekommen und ihre Geburtstage feiern können, während andere Kinder ausgesetzt und verschleppt werden. Aber du weißt nicht, wie du etwas daran ändern kannst. Manchmal fragst du dich, ob dein Lebensstil etwas mit diesen Ungerechtigkeiten zu tun hat, und du hegst den Verdacht, dass weniger mehr ist und dass ein einfaches Leben weniger Stress bedeuten könnte. Aber so richtig klar ist dir das Konzept nicht.

Die Wahrheit ist: Jeder hat da so eine Ahnung. Es ist verwirrend und überwältigend. In gewisser Hinsicht liegst du innerlich mit dir im Clinch. Manchmal bist du fix und fertig, weil dich all diese Fragen umtreiben.

Ich glaube aber nicht, dass Gott will, dass du im Streit mit dir selbst liegst.

Er hat den Friedensfürsten in diese Welt gesandt, um die aufgewühlten Gewässer deiner Seele zu beruhigen. Vernichtende Selbstkritik ist deshalb eine grausame Reaktion auf Jesus, der starb und uns gerecht gemacht hat.

Jesus will nicht, dass wir uns mit Schuldgefühlen herumschlagen. Gerade jetzt kämpft er darum, dass Menschen überall auf der Welt errettet werden. Er will nicht, dass wir uns in eine Ecke verkriechen und Schuldgefühle und Scham hegen und pflegen. Diese Diskussion hat er ein für alle Mal beendet – am Kreuz. Außerdem haben wir dafür keine Zeit.

Wir sind so daran gewöhnt, das *Problem* zu sein, dass wir vergessen haben, dass wir in Wirklichkeit die *Antwort* sind. Gott ist nicht wütend auf dich; wie könnte er das auch sein? Du bist seine Tochter; du bist Teil seines

Teams. Er will uns allen keine Standpauke halten. Nein, er versammelt seine Familie, er bündelt die Kräfte.

Wenn dein Krempel, deine Verschwendung und dein Stress dir zusetzen – so wie mein Krempel, meine Verschwendung und mein Stress mir –, dann tu einfach das Nächstrichtige, was dir vor die Füße kommt. Stelle ein paar Fragen, die du (dir) bislang noch nicht gestellt hast; Gesprächspartner gibt es überall. Du musst nicht gleich dein gesamtes Leben auf den Kopf stellen – unternimm einfach die ersten Schritte. Und morgen kannst du dann die nächsten machen. Sei mit dir selbst ebenso barmherzig, wie Jesus es ist. Wir können uns ihm nicht in dem anschließen, was er tut oder tun will, wenn wir vor Schuldgefühlen wie gelähmt sind.

Auf meiner Reise zu einem einfacheren, bewussteren Lebensstil habe ich entdeckt, dass ich leichter auf Kleidung, Verschwendung und übermäßigen Konsum verzichten kann als auf Geschäftigkeit.

Sechs Tage hintereinander das gleiche Outfit tragen? Klar.

Gärtnern und recyceln? Kein Problem.

Meinen Tagesablauf so umgestalten, dass ich Zeit zum Beten habe, Zeit zum Lesen, Zeit für Stille, Zeit, um mich auf meine Arbeit zu konzentrieren? Oder Nein sagen zu Dingen, die ich nicht wirklich tun will oder muss? Nun, das ist viel verlangt. Das ist echte Arbeit.

Und ich habe diese Arbeit als sehr herausfordernd und gleichzeitig schön erlebt. Das Streben nach einem einfacheren, bewussteren Leben hat mich etwas gelehrt: Mein Herz sehnt sich nach einem entschleunigten, geruhsameren Leben.

Ich möchte herausfinden, wie das für meine Familie aussehen würde. Ich weiß, dass wir nicht ewig in der Scheune meiner Eltern leben können. Wir können auch nicht einfach Arbeit, Schule, Gemeinde, Mission, Familie und all die Aktivitäten, die damit zusammenhängen, hinter uns lassen. Aber was können wir tun, um in einem lauten städtischen Umfeld ein ruhiges Ranchherz zu kultivieren?

Wir brauchen alle eine Pause. Wenn ich mit meinem hektischen, übervollen Leben einfach so weitermachen würde wie bisher, dann wirkt sich das nicht nur auf mich negativ aus, sondern auch auf meine Familie und meinen Freundeskreis. Unser Lebenstempo gefährdet unsere Gesundheit, unser Glück, unsere Beziehung zu Gott und unseren Lebensrhythmus. Wir leben in einer Kultur, die nicht mehr zu Atem kommt – oder besser gesagt: die sich weigert, Atem zu holen.

Aber wenn ich mich umschaue, dann merke ich, dass selbst unsere kleinen Veränderungen anfangen, Wirkung zu zeigen. Wenn wir bewusst und voller Liebe so leben, als wäre das Heute alles, was wir haben, werden diese kleinen Wellen schließlich zu mächtigen Wogen.

Wenn du in Zukunft ein einfacheres, bewussteres Leben führen willst, werden dir vielleicht die folgenden Wahrheiten einen guten Dienst erweisen. Sie können dir helfen, für andere da zu sein und jedem – auch dir selbst – mit Nachsicht und Verständnis zu begegnen.

- Liebe Gott mehr als alles andere. Liebe deinen Nächsten wie dich selbst. Das ist alles.
- Wenn wir Gott lieben, dann werden wir uns auch um die Armen kümmern.
- Diese Erde und alles, was wir darauf vorfinden, gehört Gott. Wir sollten versuchen, so zu leben, als ob wir das tatsächlich glauben.
- Was wir hegen und pflegen, zeigt, was wir wirklich lieben.
- Geld und Dinge haben die Macht, uns zu ruinieren.
- Halte dich an das Recht, sei menschlich zu deinen Mitmenschen und lebe in steter Verbindung mit deinem Gott (Micha 6,8). Das ist alles, was du tun musst.

Zum Abschluss von *Einfach mehr Freiraum* möchte ich ein Gebet von Henri Nouwen zitieren, das mir so sehr aus dem Herzen spricht, als hätte er meine Gedanken gestohlen:

Lieber Herr, du hast mich in diese Welt gesandt, um dein Wort zu verkünden. So oft scheinen die Probleme der Welt so komplex und verworren, dass dein Wort mir peinlich einfach vorkommt ...

Hilf mir, inmitten dieser komplexen Welt Unschuld und Einfachheit bewahren ... Lass nicht zu, dass böse

Mächte mich mit der Komplexität der Probleme dieser Welt verführen, sondern gib mir die Kraft, in deinem Auftrag klar zu denken, freimütig zu sprechen und mutig zu handeln.[1]

Anmerkungen

Einführung: Das einfache und bewusste Leben – eine neue Perspektive

1 Das war zu der Zeit, als ich mein Buch *7: An Experimental Mutiny Against Excess* schrieb.

2 „The Problem with Plastics", Ocean Conservancy, https://oceanconservancy.org/trash-free-seas/plastics-in-the-ocean/.

3 Täglich werden weltweit 3 Milliarden Plastikstrohhalme benutzt und meist nach wenigen Minuten weggeworfen. Allein in Deutschland werden pro Jahr 40 Milliarden Einweg-Plastikstrohhalme verbraucht. Pro Kopf sind das 1,3 Plastikhalme täglich. Darüber hinaus werden in Deutschland stündlich rund 320 000 Einwegbecher für heiße Getränke verbraucht – davon bis zu 140 000 To-go-Becher. Die Abfallbilanz von Einweggeschirr und To-go-Verpackungen betrug im Jahr 2017 mehr als 346 000 Tonnen. Die Menge der Kunststoffabfälle insgesamt stieg laut Umweltbundesamt zwischen 2015 und 2017 um 3,9 Prozent auf 6,15 Millionen Tonnen. https://www.halm.co/blogs/magazin/ist-doch-nur-ein-plastikstrohhalm sowie https://www.bundesregierung.de/breg-de/themen/nachhaltigkeitspolitik/einwegplastik-wird-verboten-1763390.

4 Emily Holden: „US Produces Far More Waste and Recycles Far Less of It than Other Developed Countries", 3. Juli 2019, *The Guardian*, https://www.theguardian.com/us-news/2019/jul/02/us-plastic-waste-recycling.

5 Derek Thompson: „2.6 Trillion Pounds of Garbage: Where Does the World's Trash Go?", 7. Juni 2012, *The Atlantic*, https://www.theatlantic.com/business/archive/2012/06/26-trillion-pounds-of-garbage-where-does-the-worlds-trash-go/258234/.

6 https://de.statista.com/statistik/daten/studie/786353/umfrage/plastikverpackungsabfall-in-ausgewaehlten-eu-laendern-je-einwohner/

1. Küche: Entdecken, wie gut nachhaltige Ernährung ist

1 Taylor Wolfram: „Sustainable Eating", 15. Februar 2019, *Academy of Nutrition and Dietetics*, https://www.eatright.org/health/lifestyle/culture-and-traditions/sustainable-eating.
2 Michael Pollan: *Lebensmittel.* München: Goldmann, 2009.
3 A. a. O., S. 18 f.
4 Vgl. http://www.eurekalert.org/pub_releases/2005–03/chb-eoc031605.php.
5 Vgl. https://www.zentrum-der-gesundheit.de/artikel/allgemein/lebenserwartung-sinkt-ia.
6 Barbara Kingsolver: *Animal Vegetable Miracle: A Year of Food Life.* New York: Harper Perennial, 2007, S. 126–127.

2. Bekleidung: Das Ende des Kleiderschrank-Chaos

1 Jane Wheeler: „Clothing of the 1830s", https://www.connerprairie.org/educate/indiana-history/clothing-inthe1800s/.
2 Morgan McFall-Johnsen: „The fashion industry emits more carbon than international flights and maritime shipping combined. Here are the biggest ways it impacts the planet", 21. Oktober 2019, Business Insider.com, https://www.businessinsider.com/fast-fashion-environmental-impact-pollution-emissions-waste-water-2019–10.
3 https://www.tagesspiegel.de/wirtschaft/rekord-beim-textilmuell-jeder-deutsche-wirft-jaehrlich-4–7-kilogramm-kleidung-weg/25453254.html.
4 Benjamin R. Barber: *Consumed: How Markets Corrupt Children, Infantilize Adults, and Swallow Citizens Whole.* New York: WW Norton, 2007, S. 9–11.

3. Krimskrams: Mehr als genug

1 „Calculate Your Carbon Footprint", *The Nature Conservancy*, https://www.nature.org/en-us/get-involved/how-to-help/carbon-footprint-calculator/. Deinen eigenen ökologischen Fußabdruck kannst du mithilfe etlicher Webseiten berechnen. Suche unter „CO_2-Fußabdruck berechnen".
2 https://www.zeit.de/news/2019–09/20/ein-klimasuender-unter-vielen-co2-emissionen-in-deutschland. https://energiemarie.de/energietipps/co2/deutschland.
3 https://www.stuttgarter-zeitung.de/inhalt.deutsche-co2-bilanz-im-vergleich-ein-bigfoot-unter-den-klimasuendern.099d966e-ad5a-46af-a2d0-ce21dced1367.html.

4 Zum Beispiel www.rebuy.de, www.ebay.de oder www.momox.de.
5 Richard Rohr: *Simplicity.* New York: Crossroad Publishing Company, 2003, S. 59–60.

4. Medienkonsum und moderne Technologie: Den Lärm ausblenden

1 Matt Richtel: „Attached to Technology and Paying a Price", 6. Juni 2010, in: *New York Times*, https://www.nytimes.com/2010/06/07/technology/07brain.html.
2 https://www.vau.net/pressemitteilungen/content/mediennutzung-2018-deutsche-nutzen-erstmals-9-stunden-taeglich.
3 Auf dem iPhone findet man einen Überblick über die genutzten Handyminuten unter dem Punkt „Bildschirmzeit". Bei Samsung-Geräten ist „Digitales Wohlbefinden" als Menüpunkt in den Einstellungen integriert. Diese Funktionen ermöglichen es, auf den ersten Blick zu sehen, wie häufig man das Smartphone und die einzelnen Apps verwendet, wie viele Benachrichtigungen man von welchen Apps erhält und wie oft man das Gerät entsperrt. Drei Unterfunktionen helfen dann dabei, abzuschalten und das Smartphone öfter aus der Hand zu legen (App-Timer, Konzentrationsmodus, Ruhemodus).

5. Entsorgen: Das große Verschwinden

1 Wendell Berry: *What Are People For?* New York: North Point, 1990, S. 98.
2 https://www.zdf.de/nachrichten/panorama/deutschland-abfall-in-zahlen-100.html. Hier findest du auch weitere Zahlen rund um das Müllaufkommen und seine Verwertung in Deutschland.
3 Steven Bouma-Prediger: *For the Beauty of the Earth: A Christian Vision for Creation Care.* Grand Rapids: Baker Academic, 2010, S. 20.
4 https://www.focus.de/perspektiven/nachhaltigkeit/kolumne-in-kleinen-schritten-die-welt-retten-gesundheit-umwelt-kosten-welches-wasser-sie-trinken-hat-einen-grossen-effekt_id_10 958 059.html.
5 „Reduce, Reuse, Recycle", https://www.epa.gov/recycle.
6 Bouma-Prediger: *For the Beauty of the Earth*, S. 182.

6. Finanzen: Spare, was das Zeug hält

1 https://de.statista.com/statistik/daten/studie/166 338/umfrage/anzahl-der-schuldner-in-deutschland-seit-2004.
2 https://de.statista.com/statistik/daten/studie/353 616/umfrage/individuelle-schuldenhoehe-in-deutschland.

3 https://www.schulden.de/schuldenfallen/schuldenfalle-kreditkarte/#Hier_sehen_Sie_eine_Statistik_zur_Nutzung_von_Kreditkarten_in_Deutschland_der_vergangenen_Jahre. Aufgrund der Coronapandemie haben die Bundesbürger ihr Bezahlverhalten nochmals angepasst. Bargeldloses Zahlen – allen voran Kreditkarten – hat weiter an Bedeutung gewonnen. Von allen erfassten Zahlungen an der Ladenkasse, in der Freizeit, im Onlinehandel und bei weiteren Zahlungsanlässen wurden 30 Prozent mit einer Karte getätigt. Bei einer Studie von 2017 lag der Wert noch 9 Prozentpunkte niedriger. Gleichzeitig lag der Anteil der Barzahlungen bei 60 Prozent, nach 74 Prozent vor drei Jahren. https://www.bundesbank.de/resource/blob/855642/cd655529311d0c85132c7d5e8f5e94bd/mL/zahlungsverhalten-in-deutschland-2020-data.pdf.

4 „The State of Human Development", in: *United Nations Human Development Report 1998*, Kapitel 1, S. 37.

5 World Centric: „Social & Economic Injustice", http://www.worldcentric.org/conscious-living/social-and-economic-injustice.

6 DoSomething.org: „11 Facts about Global Poverty", https://www.dosomething.org/us/facts/11-facts-about-global-poverty#fn1; Die Ursprungsdaten stammen von: *United Nations Development Program:* „Sustaining Human Progress: Reducing Vulnerabilities and Building Resilience", in: *Human Development Report*, 2014.

7. Stress: Eine Kerze, die an beiden Enden brennt

1 „Stress and Your Health", https://www.womenshealth.gov/mental-health/good-mental-health/stress-and-your-health.

2 Macrina Wiederkehr: *Seven Sacred Pauses*. Notre Dame, IN: Sorin Books, 2008, S. 177.

Abschließende Gedanken: Über die Kunst, bewusster und einfacher zu leben

1 Henri Nouwen: *Seeds of Hope*. New York: Doubleday, 1997, S. 112.

FSC
www.fsc.org
MIX
Papier aus verantwortungsvollen Quellen
FSC® C014496

1. Auflage 2022
Bestell-Nr. 817811
ISBN 978-3-95734-811-1

Umschlaggestaltung: Mareike Schaaf
Umschlagfoto: Shutterstock/Photographee.eu
Satz: Greiner & Reichel, Köln
Druck und Verarbeitung: GGP Media GmbH, Pößneck
Printed in Germany

www.gerth.de